JN086333

アナログレコードにまつわる
エトセトラ

山中 明 著
Akira Yamanaka

辰巳出版

魅惑のレコードの

　かつて世界一レコード屋があった街、渋谷。1990年代には「レコードの聖地」と呼ばれ、世界中のどの街よりも多くの店舗がひしめき合い、世界中から選りすぐられた膨大な数のレコードが飛び交っていました。

　「東京に行けば、全てがある」──。自らが憧れ追い求める1枚を手に入れるために、国内はもとより、世界中のコレクターやDJたちが、こぞってこの東京の小さな街を目指したのです。

　2000年代初頭、私が憧れの街、渋谷でレコード業界に足を踏み入れた頃には、かつて隆盛を誇ったその姿は陰りを見せ始めていました。働いていた店では紙ジャケットCDが飛ぶように売れていて、レコードからCDに乗り換えた古くからの音楽ファンや、そもそもCDしか知らない若者たちが増え始めていたのです。

　かくいう私は、まだレコードにどっぷり浸かって間もない頃で、日夜問わずレコードのことしか考えていない多感な時期。レコ屋で働いてるというのに、昼休憩は渋谷の他店舗に、休日は別の地域の店舗に、まぁとにかくレコ屋漬けの毎日でした。まだネットにあまり情報はなかったけれど、店の先輩やお客様たちに手取り足取り教えてもらって、レコードの取り扱い方や専門用語を覚えていったものです。しかし、そんな私のレコードへの情熱とは裏腹に、また1つ、また1つと渋谷のレコ屋はその数を減らし、えも言われぬ喪失感と、ひょっとして自分は時代遅れの遺物を好きになってしまったんじゃないかと、ある種の戸惑いを覚えたものでした。

　あれから約20年。あの頃が嘘だったかのように、私たちは今やレコード・ブームの真っ只中にいるようです。何も「ようです」のような曖昧な言い方をしなくてもいいのかもしれないですが、レコード屋の最前線にいる私とて、それほどその実感や恩恵はないものなのです。確かに新品レコードの生産量は増えているし、若いお客様も増えてきているかもしれません。円安だからという理由が強い部分もあるかもしれませんが、日々海外からも多くの観光客やディーラーが押し寄せてきてもいます。レコードの価値相場も着実に上がってきていて、特にシティ・ポップは昔と比べれば別次元のような

世界にようこそ！

プライス感になりました。しかし、あの頃の熱狂には遠く及ばない気もする
のです。

　そして、これがブームだとすると、裏を返せば一過性のものになってしま
う恐れがあるということ。私は1人のレコードを愛好する者として、あの頃
の喪失感をまた他の誰かに味わわせたくないのです。「懐かしいな〜……」
とか「ここから音が出るんだ!?」とか、老若男女問わず、今少しでもレコー
ドに興味を持った方にはもっと好きになってもらいたいのです。そして、あ
わよくばこのレコードの世界にどっぷりと浸かってもらって、共に目一杯楽
しみながら、このカルチャーをより広く定着させたいのです。

　本書はレコードを中心に、それにまつわるカルチャーを解説したものです。
現役のレコード・バイヤーがこういった形でレコードの基礎知識、そしてそ
のカルチャーの楽しさや奥深さを説いた本は、もしかしたら今までなかった
のかもしれません。この21世紀にまでなってレコードを買うことの魅力や
その楽しみ方、日々のケアや保管方法の how to に始まり、オリジナル盤判
定方法やマトリクス等マニアックな専門知識の解説、はたまた業界に渦巻く
闇深い都市伝説まで、最前線のレコード・バイヤーならではの情報をたっぷ
り詰め込んだつもりです。

　レコードっていうまでもなくアナログで、一部の知識や体験はまるでロス
ト・テクノロジー。誰かが語り継がなければ、どこかで途切れてしまうかも
しれないのです。今や時代も進んで、あの頃の先輩のような存在はもういな
いかもしれないけれど、今こそ自分がその代わりをする時なのかもしれない
……そう思い、こうしてペンを取ったのです。

　これからレコードを聴いてみたいという方には、この広大で奥深き世界を
知るための指南書として、レコードが頭から離れなくて夜も眠れない重度の
コレクターな方には、その行き過ぎたアナタを認めるための処方箋（？）と
して、この本が何かの手助けになれば本望です。楽しく熱くなれてちょっぴ
りキケンな、魅惑のレコードの世界にようこそ！

Contents

オリジナル盤の魔力と美品の見分け方

「オリジナル盤（俗称オリ）」、それは甘美な響き……。レコードが好きな方にとって「オリジナル盤が欲しい」という気持ちは当たり前のように湧いてくるのですが、「好きな曲をもっと良い音で聴きたい」といった純粋な気持ちもそこそこに、いざ集め始めるとそんなにスパッと竹を割ったような人ばかり、というワケにはいかなくなるようです。

King Crimson『In The Court of The Crimson King』のオリジナル盤ジャケット（1969）。

愛も度を越して「偏愛」に変わり、レコード1枚で車1台買えるぐらいのオリジナル盤を相当無理して買ったり、妙な使命感に燃えて細かいディテールが違うだけの同じアルバムを何十枚も買ってしまったり、仲間同士でのマウントの取り合いのためによりレアなレコードを探したり……まぁ、私もレコード屋という職業上、いろいろな人を見てきました。

長年探していた夢の1枚を見つけた時にドバドバ溢れ出るアドレナリン、限定品を無事手にできた時の安堵感、分不相応なレア盤を買った時の充足感と同時に襲ってくる自己嫌悪、はたまた奥さんに買い過ぎがバレて家庭崩壊一歩前の恐怖……もう楽しいんだか苦しいんだか、よく分からない禅問答を繰り返して立派な（？）コレクター道を歩むのです。

と、最初からなんだか重めな話をしてしまいましたが、「レコードを買う」という行為にはそうやって人を狂わせるだけの魅力（ないし魔力）がギッシリ詰まっているということなんです。

記念すべき最初のテーマは、「結局オリジナル盤って何？」。そんな素朴な疑問にお答えしていきましょう。

まず「オリジナル盤」と呼ばれるものには、基本原則があります。国や会社、そして作品そのものによっても複雑な事情が絡んでいるケースもありますが、当時リリースされてからどこまでがオリジナルとみなされるかというと、基本は「見た目が変わるまで」です。

ラベル面に記載された住所が変わったり、

ジャケットの取り出し口の位置が変わったり、クレームを受けてガラリとアートワークが変わったり、基本はリリース時から何かしらの見た目が変わった時点でオリジナルと呼ばれなくなるというワケです。

でも、それだけであればコトがややこしくなったりはしないんです。今や長年の研究の積み重ねによりその条件付けは確立されてきたのですが、さらにここにオリジナルかどうかという話とは別軸で、非常にややこしい要素が加わってくるんです。それが「バリエーション」です。

音楽はアートであったとしても、レコードは大量生産品。ショービズが急激に成長を遂げた1960〜70年代、もうイケイケどんどんでレコードは増産されたのですが、複数のプレス工場で同時期に大量生産されていたこともあり、リリース当時に作られたいわゆる「オリジナル盤」判定のものであっても、さまざまなバリエーションが存在してしまったのです。

当時は今じゃとても考えられないですが、ある程度適当が許された実に平和な時代。曲名が間違っていたり、余っていたラベルを使い回したり、勝手にジャケットにラミネート加工を施したり、生産した工場によっていろいろなバリエーションが生まれてしまったワケです。そのせいで数十年後に頭を悩ます人たちが山ほど現れてしまう、当時はそんな後世のコレクターたちのことなんて考えていなかったんです。そりゃそうだ。

キケンな要素たっぷりの「マトリクス」

この意図しないバリエーションはエラー

とも呼ばれていますが、意図されたバリエーションというものも存在します。それがコレクター泣かせで実にキケンな要素たっぷりの「マトリクス」と呼ばれるものです。細かい話はおいおいするとして、マトリクスとはオリジナル盤の下位概念というヤツです。たとえるならばオリジナル盤を「親」とすると「子供」ということですが、これが問題児なんですよ。

さらにもうちょっと具体的な話をすると、レコードの最内周部にはマトリクスをはじめとした情報が刻まれていて、見る人が見れば1枚のレコードの素性が分かるようになっているんです。それがいつ、どこで、誰が作ったのか云々、分かってしまうのが運の尽き。コレクターたるもの、ただオリジナルというだけでは飽き足らず、もっと珍しいものを欲しくなるのが性なんです。

ちなみに、みなさんご存知のプログレ代表作、King Crimson『In The Court Of The Crimson King』（1969）の英国オリジナル盤は数万円はするお高い1枚なんですが、件のマトリクスによってはグーン

画像の中心あたり、ピンク色のラベルと音溝の間に刻まれている記号と数字、「A//1」部分がマトリクス。

とプライス・アップします。

言ってしまえばその条件って番号が1つ違うだけ（けど、それが重要）なんですが、それを満たしさえすれば1枚100万円也。ああ恐ろしや……。

美品はどんどん高価で入手難に……

ところで、国内外問わず毎日レコードを見続けて体感するのは、1960～70年代のオリジナル盤の中でも特に保存状態が良好な、いわゆる「美品」と呼ばれるものが年々少なくなってきているという事実です。もう生産されてから50年余りの年月が流れ、当然増えることもないので当たり前なんですが、当時のレコードたちはあくまで有限の文化遺産なんだというリアルな現実を日々突きつけられています。

そんな現状もあって、近年美品の需要と供給のバランスは少しずつ崩れ始め、中古市場において美品とそうでないものの価格差は広がる一方。特に The Beatles のような王道アーティストであればあるほど、その傾向は強まるばかりです。

コレクションの全てを美品でそろえたいというのは誰しもが思うところですが、経済状況と入手難度を考えると大半の人にとってはちょっと非現実的。そんなこともあって、現代のコレクターたちは「コンディション」との上手な付き合い方を知っているものです。

諸先輩方の背中を見ながら失敗を繰り返し身体で覚える、私も含め以前はみんなそんな職人スタイルで徐々に学んでいったものですが、ネット時代の現代においてもそれを踏襲しているのか、もう一歩踏み込んでキチンと説明した本や記事が見当たらない気もします。

レコードを生業にするものにとって、入口に妙なハードルの高さがあるのもいかがなものか、そんな思いも芽生えてきたので、ここでは私からそんな「コンディション」、「グレーディング」のイロハもお伝えできればと思います。

グレーディングとは、いわばレコードの状態の格付けみたいなもの。さかのぼることインターネット普及以前、実物はもちろん画像だって見られなかった文字面だけの通販リストで使われ始めたのをきっかけに、今やレコードの価値評価において、なくてはならない要素の1つになりました。

その格付け方法としては、「5」や「10」のような数字、「A」や「B」のような文字、果ては「A面1曲目：プチ×6回、ボツ×3回……」みたいに、オノマトペをフル活用していっそのこと全部説明しちゃおうなんていう（ちょっとマッドな）スタイルまで、多種多様な方法が存在します。

そんな中でも最も多く使われ、今や世界標準として市民権を得たのが「EX」や「VG」を用いたグレーディング方式です。レコードが好きな方であれば100％ご存知のこの方式ですが、意外と知られていないこともあるんです。

まずは基本からおさらいしましょう。ちょっとまとめてみましたので、別掲の表をご覧ください。

馴染みのない方にとって最初の引っ掛かりポイントはその呼称です。「VERY GOOD」や「GOOD」等、パッと見では結構な良品を指しそうな表現ですが、そこは初

見殺し。表を見れば分かるように、「場合によっては」状態としては下から数えたほうが早かったりします。学校の通知表なんかでも使われている、一般的な呼び方（日本語でいうところの「優・良・可」）なので決して特殊ではないのですが、レコードに当てはめてみると違和感を覚えるのも無理はありません。特に馴染みの薄い私たち日本人にとっては、その言葉が持つ本来の意味はいったん忘れる、それが基本です。

「VERY GOOD」＝「大変良好」ではない？

ここまでは「そんなの知ってるよ」という方も多いかもしれませんが、この方式は決して世界統一基準ではないということは案外知られていないようです。表を見た時点でお察しかとは思いますが、同じグレーディング方式でも複数のタイプが存在しており、たとえ同じ「VG」であっても採用方式によって随分と意味合いが違ってしまうのです。

これは各国において影響力のあるプライス・ガイドに端を発します。プライス・ガイドというのは、辞書さながらにアルファベット順でざーっとタイトルが並び、オリジナルの条件や付属物の有無、そして目安となる価格が掲載されている本です。インターネット以前は多くの人が使用したこともあり、中古市場の価格相場にも強い影響力を持っていました。

イギリスで最も影響力のあるプライス・ガイドは Record Collector 誌が発行している『Rare Record Price Guide』。2年に一度リリースされ、現在もなおイギリス国

キケンな角度の傷。溝に沿った横傷は針が飛びます。

WORLDWIDE GRADING SCALE

	US	UK	＋／－
新品／未開封品	MINT／S	MINT	MINT／S
極上品	NM	NM	NM－
美品	VG＋	EX	EX＋
			EX
良品	VG		EX－
		VG	VG＋＋
並品	G		VG＋
状態難		G	VG
不良品	FAIR／POOR	FAIR／POOR	G
		BAD	FAIR／POOR

NM（NEAR MINT）／S（SEALED）／EX（EXCELLENT）／
VG（VERY GOOD）／G（GOOD）

内ではプライス・リーダーとして影響力を持つプライス・ガイドです。

一方、アメリカで名を馳せるのは Goldmine Magazine 誌による『Goldmine Record Album Price Guide』です。世界的にも影響力のあるこの2大誌のグレーディング方法に大きな違いがあったのが、全ての混乱の始まり。もっと具体的に言えば、「EX」の有無こそが混乱のタネだったんです。それにより「VG」の表記を見る度に、その店や個人がUS式とUK式のどちらを採用しているのかを知る必要が出てきてしまったということです。

現在でもイギリスをはじめヨーロッパ諸

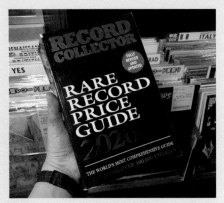

英 Record Collector 誌発行の『Rare Record Price Guide』。

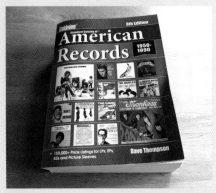

米 Goldmine Magazine 誌発行の『Standard Catalog of American Records, 1950-1990』。

ディスクユニオンでお馴染みのプライス・カード。下のほうにコンディションを記載しています。

国では UK 式が採用されていることが多く、アメリカでは US 式がメインになるでしょう。ここ日本では UK 式が主流となるでしょうか。しかし、いずれの国でも結局は店によりけりなんです。

ちなみに、今中古市場に（良くも悪くも）強い影響力を持つインターネットのモンスター・コンテンツ『Discogs』は US 式を採用しています。Wikipedia と Amazon を融合させたかのようなデータベース・サイトである Discogs の登場は、全ての価値相場をひっくり返してしまうほどのインパクトがありました。インターネットとレコードの関係はいろいろと積もる話もあるので、詳しくは別項にて。

ということで、世界中でさまざまなスタイルが採用されてはいますが、「＋」や「－」を使いさらに詳細なグレーディングを可能にしたスタイルが一般的になってきており、個人的にも一番フィットします。コンディション差によって著しい価格差が出てきている昨今、求められているのはやはりより細かいグレーディング方式でしょう。参考までにディスクユニオンでも、基本的にはこの方式を採用しています。

ただ、この「＋」や「－」も使い様で、「VG ＋＋＋＋」とか「M －－」とか、もう結局なんだかよく分からない表記まで出てきてしまっている次第です……。とにかくインターネットでレコードを買う時には、まず商品ページ等に記載されているグレーディング一覧を確認しましょう。

まぁ、ここまで書いておいてなんですが、前提として一番肝に命じておかなければならないのは、やっぱりグレーディングはあ

くまで主観によるということ。人によって多かれ少なかれ、感覚の差というのがあるものです。

1人でやっている店ならばいざ知らず、複数人が値付けに関わっている店であれば、同じ店舗であってもグレーディングが揺らぐものです。しかも売りたい欲が先行したオーバー・グレーディングなんてこともしばしば……。

数百円ならばいざ知らず、5万、10万もするレア盤を通販してみたら、パッと見は分からないけど実は深い傷がありました、なんて誰もが避けたいところです。じゃあどうすればいいのよってことになりますが、結局はレコード屋に行って、実物を見て聴いて買うのが一番ではないでしょうか？

別に無理矢理こじつけて自分の店に誘導しようというワケじゃないんですが、値段や音楽ジャンルによって買い分けしたりなんかして、コンディションとの上手な付き合い方、つまりは自分なりのレコードの楽しみ方を探していくと良いんじゃないかという提案です。一件落着！

さて、ここから先はどうかしてる人用の追加原稿です。友人のイギリス人コレクターで随分と本気な方がいるんですが、彼の本気ぶりは実に徹底しています。

ebayで「MINT／UNPLAY」と表記されていたとあるレア盤を彼が落札した時のことです。彼はいわゆるガチガチのミント・コレクターで、「MINT」しかも「UN-PLAY」というのであれば、感覚ではなく科学的にそれを検証するのです。

盤面の擦れや傷はもちろん、光沢やスピンドル・マーク（センター・ホール付近にできる擦れ跡。俗称「ヒゲ」）をどんなに肉眼でチェックしようとも、本当に一度もプレイされたことがないかどうかは分からないでしょう。

そこで彼が用意するものは、電子顕微鏡。これでレコードの最外周部の音溝が始まる直前の部分をチェックするワケです。その部分はパッと見どんなにきれいでも、一度プレイすれば針が通ったトレース痕が残ってしまうんです。

そして、彼はそのトレース痕の残った部分を拡大して撮影、その写真を出品者に送って返品するワケです。しかも毎回それをやってます。こうして彼に付いた通り名は「Detective（探偵）」または「Researcher（研究者）」。通り名といっても、ほとんど自分で言ってるだけというところがまた彼のヤバさを強調します。

付け加えればこれだけレコードにMINTを求めておきながら、住んでいる家には物が散乱し、猫10匹の糞尿まみれなガチガチのPOOR。やっぱり何事も行き過ぎは良くないですね!!

p.s. I'm sorry for writing about you!

2

各国盤のススメ〜所変われば、音変わる

みなさんご存知のあの名盤、果たしてそれは全て同じものなのでしょうか？　なんじゃそりゃって話ですが、かつてのレコードの世界というのは少し変わったもので、同じアルバムでも世界津々浦々で全く同じものが売られていたとは限らないんです。

フィジカルメディアに馴染みのない、サブスク世代の方にはあんまりピンとこない話かもしれませんが、生産国によってはジャケットのデザインが違ったり、収録曲が違ったりすることがあって、特に名盤と呼ばれるようなビッグ・タイトルは世界中いろいろなところで生産されるので、さまざまなバリエーションが生まれることとなりました。無理に統一しなかったというか、できなかったというか、レコードに限らずそんな塩梅が平常運転のおおらかな時代だったというワケです。

この項では、そんな中でも各国盤のサウンドの違いに焦点を当ててご紹介しましょう。サウンドの違いといったって、「そんなの立派なオーディオじゃないと分からないんでしょ？」とか、「聴き分けられる耳なんて持ってないですから……」という声が聞こえてきそうですが、私が紹介するのはそんなワインのブラインド・テイスティングみたいなものじゃなくて、100％どなたでもハッキリパッキリと違いが分かる簡単明瞭なヤツです。

ことロック界において各国盤でのサウンドの違いといえば、The Beatles の英盤と米盤の違いが最も有名かもしれません。そもそも収録曲が違ったりなんかもしますが、米マーケットを意識して Capitol が独自に施した深いエコー・サウンドはあまりにも有名です。

ここで取り上げるのはその The Beatles の『Rubber Soul』へのアンサー・アルバムとしても知られる、The Beach Boys の『Pet Sounds』です。そう、歴代ベスト・アルバムなんていう話題があればいつも1位、2位を争うド級の歴史的名盤です。ただ、こんなにも評価されて誰もが聴き倒しているアルバムなんですが、各国盤の違いについては不思議と語られていません。

かくいう私は十数年前から何となくは気づいていて、店ではこれから書くようなことをちょこちょこと話していたのですが、改めて検証してみましたので、満を持してお披露目させていただきます。

ただ、前提として言っておかなければいけないのは、この手の検証は数が必要だということです。ややこしい話なんですが、プレス国が同じオリジナル盤の中でも、マトリクスやプレス工場等の条件で何かしらの違いがあるケースもあるということです。なので、いきなり断言めいたことを言いにくいというのがあったんですが、誰かが言

The Beach Boys『Pet Sounds』米 Mono（LAプレス）　T-1-2458-F-25*　T-2-2458-F-25*

The Beach Boys『Pet Sounds』英 Mono　T1 2458-1　T2 2458-1　マザー/スタンパー：1AL/1AR

い出すことによってみんなが検証をしてくれて、数が集まるんじゃないかと思ったからなんです。良く言えば問題提起、悪く言えば投げっ放しの人任せですけどね……すいません！

『Pet Sounds』の「違い」とは？

　それでは、まず今回の検証に使用したレコードの詳細を記しておきましょう。The Beach Boys『Pet Sounds』の米 Mono 盤と英 Mono 盤になります。

　画像を掲載したのは、どちらも共にいわゆるオリジナル盤というヤツですが、結論から言いましょう。違いのポイントは「速さ（BPM）」です。

　たとえば A1 の「Wouldn't It Be Nice」を比べると、米 Mono が約 2 分 21 秒に対して、英 Mono は約 2 分 20 秒となっています。全ての曲がフェイドアウトで終了するため切り方で若干変わると思いますが、この調子でいずれの曲も英 Mono のほうがおよそ「1 秒」ほど短い（正確には約1.2秒）、つまり英 Mono のほうが若干速いんです。ちなみに、英 Mono はそのぶん曲間が長く取られていますので、トータルタイム自体はさほど変わりません。

　この問題の「1 秒」、もちろん測ったり同時再生したりすると丸分かりですが、体

感でも結構違うものです。

　私が初めて『Pet Sounds』を聴いたのは二十数年前、たぶん1990年製の輸入盤CDだったと思います。その後1997年に出た『The Pet Sounds Sessions』の新規リマスターなんかも含め、もうCDが擦れて火が付くんじゃないかというぐらい聴き倒してやりました。

　しばらくしてから今度は米Monoのレコードを買ってはまた聴き倒す、なんてことを繰り返してたどり着いた英Monoでしたが、一聴して「あれ?」と違和感を覚えたものです。もう自分の体内BPMが『Pet Sounds』にチューニングされきっていた私は、このなんだか速くて突っ込み気味なテンポにすぐ気付いたんです。そして、そのテンポが妙に気に入った私は、ふとこんな仮説（というの名の妄想）を立て始めたのです……。

　今やロック史を代表する『Pet Sounds』が、1966年リリース当時のアメリカでは全米最高10位と、それほどチャート・ア

クションが振るわなかったのは有名な話。その一方でイギリスでは全英アルバム・チャートで最高2位、26週連続トップ10入りと大ヒットを果たしたのですが……それってなぜなのでしょうか?

　やれポール・マッカートニーが絶賛したからだの、やれアンドリュー・ルーグ・オールダムが賞賛の新聞広告を打ったからだの、やれイギリスの音楽誌や評論家筋が評価したからだの、まぁ全部要因の1つなんでしょうが、私はそもそも「サウンドが違っていたから」かもしれないとも思うのです。

　これは米盤と比べての良し悪しの話ではないのですが、間違いなく米盤より「速い」英盤からは、より強い躍動感を感じるのです。この躍動感がイギリス人の国民性に強くアピールしたのか、実はそれがアメリカとは大きく異なる売れ行きを示した一番の理由だったのかもしれません。いわば他国プレスが生んだ音の「違い」が、この歴史的名盤のチャート・アクションすらも変えてしまったのです……。

　どうでしょう? あながち間違った話でもないんじゃないですか? あ、もう一度念押しで言っておきますけど、このくだりはただの私の妄想ですからね!

　ちなみに、ここまで読んで気になった人もいるかもしれませんが、「じゃあStereo（正確にはDuophonic＝疑似ステレオ）はどうなのよ?」と。ということで、英・米・独盤（独

未完の名作『Smile』のブックレット（リプロ）。もし『Pet Sounds』がアメリカでもヒットしていたら完成していたのかもしれません……。

The Beach Boys『Holland』の独テスト・プレス。

の１枚ですが、ちょっとお待ちください。実は『Holland』って、とあるプレスではA1の「Sail On Sailor」がオミットされ、A面ラストに未発表曲「We Got Love」のスタジオ・バージョンが収録されているらしいのです。

　私の事前情報では、米・英・独のテスト・プレスにそのバージョンが存在するとのことでしたので、今回購入に至ったワケですが……残念ながら見事にハズレでした。

　改めてDiscogsで調べてみたところ、ドイツのレギュラー盤で「We Got Love」が収録されたエラー盤が存在するとのことで……レコードの世界の常識では、その場合はプロモ盤やテスト・プレスにも同じエラーが発生しているケースが多いですが、これに関しては何かまた特殊な理由や別の条件があるんでしょう。どなたかご教授ください（なお、この未発表曲は2016年に

盤のMonoは存在しません）も比較しましたが、全部同じ速さでした。

　じゃあその速さって英・米Monoと比べてどうなのかというと、米Monoより0.6秒程度「遅い」のです。これには私も全く気づいていませんでした。あな恐ろしや……。

あの名盤に秘められた別の顔

　最後に余談。実はここ数年 The Beach Boys関連作を全く買っていなかった私ですが、ずっと気になっていた１枚をたまたま引いたので久々に買ってみました。

　買ったのは中期名作『Holland』の独テスト・プレス。「確かに良いアルバムだけど、そんなわざわざドイツのテスト・プレスにまで手を出すアルバムじゃなくない？」というイメージ

テスト・プレスとかアセテートの世界はもっと恐ろしいです。これは Mighty Baby の1stアルバムのアセテートですが、ミックスも違えば未発表曲（CD化済）も収録しちゃってるたまらんヤツです。

Analogue Productionsからリリースされた再発盤にボーナス収録されています。ヤッタゼ！）。

　そう、これこそが散々聴いたはずのあの名盤が実は持っていた別の顔。その顔に触れた時、その作品への聴き方や捉え方が全く変わってしまうかもしれないのです……。

　それにしても、そもそもこういった「違い」があるなんて、レコードならではじゃないですか？　自分で探し当てた時なんて、もうまさにアハ体験そのものですよ！

　いやぁ〜レコードって、ホント良いもんですね。奥に進めば進むほど、世界は広がる一方。もう飽きさせてなんてくれないんですよ。さぁ、アナタもレコード底なし沼への第一歩、踏み出してみましょうか！ウェルカム！

ロック界最大のレア盤を探せ！

「別にレア盤だからって買ってるワケじゃない、たまたま欲しい盤がレアだったんだ」なんて話をたまに耳にします。「レア盤」って文字通り数が少なく希少であることもありますが、どっちかというと意味合い的には「高額盤」を指すものです。プレス枚数が少ないからといって、一律に市場価格が高くなるワケではなく、10枚しかないけど「安盤」もあれば、1万枚ある「レア盤」もあるものです。

The Beatles『Please Please Me』の英初版 Stereo は、ロック・コレクター界隈ではお馴染みの100万 over なモンスター・レコードですが、プレス枚数は2～3,000枚と言われています。これはレコード的にいうと枚数としては決して少なくないんですが、とにかく母数が違う、つまり欲しい人の数が桁違いに多いので起こり得ることなんです。結局のところ、市場価格はみなさんのある種の人気投票が決めているということです。当たり前なんですけど。

確かにレア盤だから欲しいって脊髄反射したワケじゃないとは思いますが、思わず欲しくなるような人気盤は、私たちレコ屋やネット・オークション等々が媒介となって、需要と供給のバランスでおのずとレア盤へと歩みを進めていくものです。

ということで、そんな人気投票の粋ともいえる「レア盤ピラミッドの頂点」をロック縛りでご紹介します。でも、さすがにここまでレアになると、もう人気とかのレベルじゃなくて夢幻。だって、どんだけ頑張っても買えるような代物じゃありませんからね……。「この世の中にはこんなトンデモ盤があるんですねー」って感じでお読みいただければ幸いです。

1億円 over は間違いなし！

今やめっきりインターネット時代。日々とてつもない回数のオープン人気投票が行われているということもあって、市場とのコール・アンド・レスポンスの速度感が爆速です。特に今人気の「和モノ」の再発盤や、毎年限定盤がドッと展開される「Record Store Day」でのリリース商品等、販売開始と共に市場価格が右往左往するものも少なくありません。

ただ、これからご紹介するものは、人気投票を勝ち上がり続けること数十年、決して一過性のものではない、もう未来永劫レア盤であり続けることが決まった栄光のレコードたちです。

では、ロック界最大のレア盤からご紹介して参りましょう。やはり上位層には The Beatles 関連作がランクインしていますが、その中でもとっておきがこちら。

■ The Quarry Men『That'll Be The

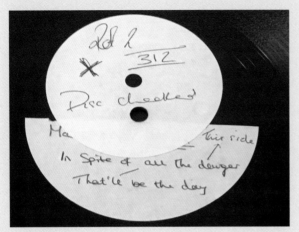

The Quarry Men『In Spite of All The Danger / That'll Be The Day』。ポールは1981年に本品を手に入れるや否や、私的に50枚程度の再発盤を制作していますが、この画像のものはその再発盤のテスト・プレスという、もうワケ分からんレベルの1枚。

Day/In Spite of All The Danger』（UK 10" Acetate）

The Beatles の前身バンド、The Quarry Men が1958年にこの世に唯一残したレコード（アセテート盤）です。しかも唯一作というだけでなく、現存数自体がたった1枚の、本当の意味で唯一残されたレコードです。

元々はピアノを担当したメンバー、ジョン・ロウ氏が保有していましたが、1981年に£12,000（当時のレート換算で約550万円）でとある人物の手に渡っています。その気になる人物こそが、Sirポール・マッカートニー。これを聞いただけで本品の希少性が分かっていただけるかと思いますが、ここまでくればロック云々関係なく、この世で最も価値が高いレコードかもしれません。

本品はポールが今でも保管しており、一般市場には一度も露出したことはありませんが、もしオークション等に出品されることがあるとすれば、どんなに少なく見積もっても1億円 over の値が付くことになるでしょう……。

The Quarry Men は あくまで予想ランキングの1位ですが、すでに市場でのジャッジを受け認定済な「この世で最も高額なレコード」ランキングの1位を飾るのも、やはり The Beatles です。

■ The Beatles『s.t.』（UK Mono/PMC 7067/8/「No.0000001」）

1968年リリースの通称『ホワイト・アルバム』の数あるバージョンの中でも最上級の1枚。少し The Beatles のレコードをご存知の方であればお馴染み、本作のジャケットには「限定 No.」が押印されているんですが、本品は栄えある栄光のナンバー「1」です。

本品がオークションに出品されたのは、2015年のこと。数十年に渡って銀行の貸金庫で保管していたオーナーこそが、かのリンゴ・スターでした。瞬く間に入札金額は膨れ上がり、最終落札金額は $790,000（当時のレート換算で約9,700万円＝以下同）。この世で最も高額で取引されたレコードの公式記録となりました。

ちなみに、ここでロックでもレコードで

もないのであくまで余談ですが、名実共に「この世で最も高額なCD」はすでに確定しています。

■ Wu-Tang Clan『Once Upon a Time in Shaolin』

90年代ヒップホップ史における最重要クルーにして、米NYスタテンアイランド出身のリヴィング・レジェンド、Wu-Tang Clanによる1枚です。

本作はたった1枚のCDのために5年の歳月を掛けて秘密裏に制作され、2015年にオークションに出品された「アート」になります。大量生産品としての既存音楽メディアを超えた作品、つまり、アートたりうる作品の制作を意図したコンセプチュアルなアルバムで、2枚組CDを1セットだけプレスした後、マスター等のフィジカル・データは全て廃棄するという徹底ぶり！

落札したのは悪名高い米製薬会社の元最高経営責任者、マーティン・シュクレリ氏。落札金額は$2,000,000(約2億4400万円)となりましたが、落札後もさまざまな契約により取り扱いには制限があり、音源の一般公開は88年後以降、つまり2103年以降とされています。

ただ、すったもんだあって一部音源は流出。その後は米国連邦裁判所が差し押

さえたり、投資集団の手に渡ったりと、とにかくお騒がせなアートです。ことの顛末が気になる方は、ご自身でお調べあれ。

手が届かない憧れの至宝盤

では、話を戻してロック界が誇るレア盤の中でも、特にコレクターズ・ドリームとして名を馳せる1枚をご紹介しましょう。みなさんご存知の世界最大のネットオークション・サイト、eBayにおける、レコード史上過去最高額の落札金額を記録した1枚です。

■ The Velvet Underground『s.t.』(US Acetate)

「バナナ」でお馴染み、ロック界を代表するレジェンド・アルバムですが、本品は極上の別テイクや別ミックスを収録したアセテート盤。2007年にはまさにピッタリ

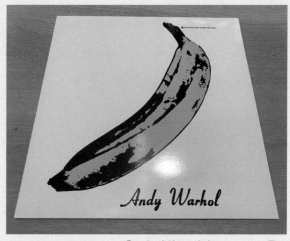

The Velvet Underground『s.t.』。当時みんな大ハッスルして買った「緑バナナ」を久々に引っ張り出して聴いてみたら、プレスが悪いのか針飛びするんですけど……トホホ。

な「緑バナナ」のアートワークでブート再
発され、2012年には『Scepter Studios
Sessions』としてオフィシャルでも再発
されたこともあり、すでに聴いたことがあ
る方も多いでしょう。よりワイルドで先鋭
的な「1枚剥いだ」サウンドの数々は、フ
ァンならずとも必聴の1枚です。

　本品が広く知られることとなったのは、
2006年に行われたeBayでの過去に類を
見ないビット・バトル。その最終落札金額
は$155,401（約1,800万円）となり、ウ
ォッチしていた者たち（私も椅子から転げ
落ちました）を驚かせましたが、世のディ
ガーに最もインパクトを与えたのは、出品
者はニューヨークのとある蚤の市でたった
の「75セント」で発掘したという事実です。
これぞ規格外のコレクターズ・ドリーム！

　ここからはレア盤ピラミッドの頂点に鎮
座する、憧れの至宝盤たちを一言コメント
付きでご紹介して行きましょう。選盤はレ
ア度順ではなく、ただの私の趣味嗜好です。

■ The Beatles『Sgt. Pepper's Lonely
Hearts Club Band』（US/Capitol/1967）

　前記のトンデモ盤を除けば、最高額レ
コードの最有力候補の1枚。1967年に米
Capitol関係者へのプレゼント限定でわず
かに生産された、究極の別ジャケ仕様です。
何が通常盤と違うかというと、メンバーも
含めて大半の顔が「Capitolの重役たちの
顔」に変わっている、まさに至高の内輪バ
ージョンなんです。これも市場に出れば、
軽く1,000万円超えが予想される1枚で

しょう。

■ The Beatles『Yesterday and Today』
（US/Capitol/1966）

　通称「Butcher Cover」。中でも最初期
バージョン「1st state」のレア度は、余裕
で7桁超えのロック界の天上人です。さ
らにMonoではなくStereoであれば、さ
らに手が付けられないプライスに……。

■ The Beach Boys『Smile』（US/Capi-
tol/1967）

　ご存知ロック界最大のロスト・アルバム
ですが、ジャケットとブックレットは当時
作られていました。1990年代までペンシ
ルバニアのとある倉庫で保管されていたと
のことですが、ごくごくわずかのみ外部へ
流出、アングラ・シーンにおいて超高額で
取引されています。

■ Bob Dylan『The Freewheelin'』（US/
Columbia/1963）

　定番中の定番アルバムですが、マトリク
ス「1A/1A」という条件を満たせば……
あら不思議。4曲も収録曲が違う、余裕で
7桁超えな米ロック屈指のレア盤へと早変
わり。こちらもMonoとStereoが存在し、
後者がより希少。どっちにしろ地獄のレア
盤ですが。

■ The Dark『Dark Round The Edges』
（UK/S.I.S/1972）

ブリティッシュ・サイケ〜プログレ・シーン最高難度を誇るトップ・オブ・トップの宝石盤。たった64枚のプレスながら、ジャケットは複数のバージョンが存在し、さらにそのバージョンによって派手に価格が変動する、まさに凶悪極まりない1枚。

The Dark『Dark Round The Edges』。激レアで有名な、ブリティッシュ最凶盤のさらに最高額バージョン。

■ Billy Nicholls『Would You Believe』（UK/Immediate/1968）

「The Beach Boys『Pet Sounds』への英国からの回答」の異名を取る、ブリティッシュ・サイケ・ポップ・マスターピース。近年そのプライスはうなぎ上り、堂々の7桁超えを果たす。

Honeybus『Recital』はブリティッシュ・ポップ・ファン夢の1枚。ジャケはプルーフです。

■ Honeybus『Recital』（UK/Warner Bros/1972）

1972年にテスト・プレスでのみ残された、ブリティッシュ・ポップ界が誇る伝説のお蔵入りアルバム。音源自体は編集盤CDで知られていましたが、2018年にはついに初めての単体LP再発を果たしました。

■ Sex Pistols『Anarchy in The UK』（UK

Acetate）

最後にオマケですが、出れば7桁超え確実なパンク界最高額シングルの、さらに斜め上のレアリティーを誇るのがSex Pistolsのアセテート盤。コレクターズ・ヘル！

ここまでのレア盤になると、カテゴリー的には単なるレコードという存在を超えて、もはやポロックとかバンクシーみたいな現

パンク界で最高額を誇る Sex Pistols『Anarchy in The UK』の
アセテート盤。

代アートの域にあるのかもしれません。

　繰り返しになりますが、だいたいのレコードは生まれながらにレア盤なんていうはずもなく、人から人へと渡り歩き、幾度も市場で人気投票が行われて、その価値が形成されていくもの。あなたがひょんなことから手に入れた1枚が、明日のレア盤になっているかもしれませんね！

聴けば分かる溝に深く刻まれた特濃サウンド

レコードについて語る上で意外に語りづらいテーマ、それは肝心要な音の良し悪しの話です。というのも、音質ってある種の思想的なところもあって、その人の私感によるところがあまりに大きい気がするんです。そんなこともあって、いろいろ考えると及び腰になってしまうのですが、近年のレコード・ブームに付随して、レコードの音質を表現する、とあるワードをよく耳にするようになったんです。

Colosseum『Valentyne Suite』（LP/UK/Vertigo/VO1/1969）。某CMでもサンプリングされた、切れ味抜群のギター・リフがクールな1枚。Vertigo諸作の原盤って確かにお高いんですが、そのサウンドは期待を裏切りませんよ！ ちなみにですが、米盤はジャケが同じというだけで、ほぼ別の作品なのでそちらも要チェック。

それが「温もり」です。言っちゃーこれも私の個人的な感想なんですが、レコードのソリッドでパワフルで刺激に満ち満ちたサウンドが、「温もり」の一言で片付けられる、それにはどうしても違和感を拭えなかったんです。

じゃあこれは黙ってばかりもいられないぞということで、ここでは音の良いレコードの話。ちなみに、私はブリティッシュ・ロック党ということもあるので、イギリス盤をメインに語りたいと思います。

「温もり」サウンドの正体って、やっぱりプチパチ音が誘引するノスタルジーでしょ

うか？ とはいえ、レコード・リアルタイム世代ではない方でも、口をそろえたかのように「温もり」と表現する方が多いようです。確かにCDとは音の傾向も違いますし、レコードはその特性から聴き疲れしにくいなんていうこともあるかもしれません。

ただ、CDやサブスクと一口に言っても、80年代黎明期の非デジタル・リマスタードCDから、最新鋭のハイレゾ音源まで多種多様。そもそもレコードも、そこに刻まれたソースとなる音源や、プレスされた時代によっても、全く事情が異なります。つまるところ、それらを十把一絡げにして「温

もり」の一言で片付けるのは、ちょっと無理筋だと思うワケです。

　私は何も難癖つけようとしているワケではなくて、ひょっとして、レコードの音って前時代的でなまくらみたいに思われているんじゃないかと、むしろ心配しているんですよ……。いやいや、レコードって、マジでバッチバチでギンギンな音が詰まってますからね！

　ということで、紹介するレコードはインパクト重視で選びました。いわゆるオーディオ・ファイル御用達の、リファレンス盤というワケじゃありません。そして、これらはオーディオを選ぶとか、これとこれを聴き比べてどうとか、もうそんなこと全く関係ありません。ポータブルで聴こうが、レコードを聴いたことなかろうが、100人聴けば99人（一応ですが……）は文句なしにブッ飛ぶ、そんなサウンドが詰まっているレコードたちなんです。

どんな環境で聴いても
違いの分かるレコード

■ Pink Floyd『See Emily Play/Scare-crow』（7"/UK/Columbia/DB8214/1967）

　まず最初にご紹介するのは、Pink Floydの初期シングル作の英オリジナル盤です。デビュー・アルバム『The Piper at The Gates of Dawn（夜明けの口笛吹き）』に先駆けてリリースされた彼らの2ndシングルで、（本国イギリスの）アルバムには収録されていません。

　初期を代表する名曲の1つですので、その曲自体はご存知の方も多いでしょう。ただ、ブリティッシュ・サイケ・アンセムみたいな感じで、その筋では今も昔も根強い人気を集めるのも、曲の内容だけではなく、その圧倒的なまでの「爆音」ぶりからくるものです。

　これに関しては、もうどこの音がどうとか、説明なんて全く必要ありません。とにかく凶悪なまでに音がデカく、怒涛のように音塊が押し寄せてきます。音楽的な趣味嗜好なんて関係なく、思わず脊髄反射で「レコードってヤベー!!」となってしまう、その反則スレスレの殺傷能力は天下一です。

　いくらなんでもここまでの爆音ぶりは、世界広しといえどもトップ中のトップ。なんなら、一般家庭でいつものヴォリューム位置でのプレイは、

Pink Floyd『See Emily Play/Scarecrow』。こちらはセンターも欠けたグダグダのコンディションですが、その鳴りは100点満点。やっぱモノが違います。

キケン過ぎるので絶対にオススメしません。壁や床、そして自分の五体はビリビリと震え、脳天をドカンと直撃するその恍惚感と引き替えに、速攻で近隣から苦情がくること間違いなしです。

■Jimi Hendrix Experience『Purple Haze／51st Anniversary』（7"／UK／Track Record／604001／1967）

こちらも似たようなテイストなんですが、特に低音の殺傷能力がバツグンです。CDやサブスクで音楽を楽しまれている方にはピンとこない話かもしれませんが、レコードってモノによって大きく音が違うもので、それが楽しさの1つでもあります。そして、シングル盤はその性格上、やはり音圧高めでかなり攻め込んでいるものが多いんです。

たとえばこの「Purple Haze」も、アルバムと聴き比べたりなんかすると一聴瞭然です。シングルはモノラル収録ですが、英オリジナルのMono盤は米オリジナルのMono／Stereo盤と比較しても、遥かに音が図太くド迫力です。もちろん気のせいとかじゃなくて、別物と思ってください。初めてレコードを聴いた人でも、100％その違いに驚くことうけあいですよ！　こりゃー下っ腹にきま

Jimi Hendrix Experience『Purple Haze／51st Anniversary』。すいません、これも書き込みがあったりとなんだか微妙なコンディションです。でも、もちろん無問題です。

Marvin, Welch & Farrar『Second Opinion』。アートワークもヒプノシスですし、なーんでこんなにもヒットしませんでしたかね……。

すわ！

■ Marvin, Welch & Farrar『Second Opinion』（LP／UK／Regal Zonophone／SRZA8504／1971）

今度は正直、地味めな存在のアルバムをご紹介。イギリス版 The Ventures という

風合いの、ギター・インスト・グループの大家、The Shadows。そんなグループの中心メンバー、ハンク・マーヴィン、ブルース・ウェルチの2人と、オーストラリア出身のアーティスト、ジョン・ファーラーによる3人組のグループが、Marvin, Welch & Farrar です。まぁ、そのまんまですが。そして、ほとんど誰も言いませんが、略して MWF とも呼ばれています。

彼らの 2nd アルバムとなる本作は、いわゆる Crosby, Stills, Nash & Young（CSN& Y は誰もが呼びます）タイプのフォーク・ロックの王道を地で行く秀作です。ただ、ことさら話題にも上らない、地味な存在であることは否めません（失礼！）。内容自体は全然そんな感じじゃないんですが、これをペナペナのしょぼい音で聴くと、ごくごくフツーの地味なアルバムだと勘違いしてしまいそうなことは確かです。

そこで登場するのは、かなりゴリッとした重厚な質感が持ち味の英オリジナル盤です。艶やかで伸びのある中音域は、美しいハーモニーやギターを彩り、なによりもドスのきいた低音は、ベースとドラムにとてつもない躍動感を与えています。中古市場でもそんなに高くはない（そこがまた地味）ので、だまされたと思って買って聴いてみてください。思わずガッツポーズが出ちゃいますよ！

The Pentangle『s.t.』のラベルはコレが初回。上部のバンド名の下に「A Shel Talmy Production」との記載があるものは、2ndプレスにあたります。細かいですが。

■ The Pentangle『s.t.』（LP/UK/Transatlantic Records/TRA162/1968）

最後はガラッと音楽性を変えて、ブリティッシュ・フォークの名作から1枚ご紹介。フォークと聞くと、もしかしたら人によっては「そんな地味な音楽、興味ないね」なんて方もいるかもしれません……いやいや、ちょっと待ってください。そんな方はここ

に収録されている、尖りに尖ったサウンドを聴いてみてからご判断ください！

本作は彼らが1968年にリリースしたデビュー作なのですが、元々彼らはポッと出のミュージシャンの集まりなんかではありません。シーンではすでに一定以上の評価を得ていた凄腕のメンバーが集った、ある種スーパー・バンド的性格のグループでした。

そのサウンドは、英国の深い森を感じさせる土着のトラディショナル・フォークと、研ぎ澄まし洗練されたジャズのクール・ヴァイブスとが、バチバチにバトルするようにハイブリッドされたもの（なんならフィジカルでもバチバチで、殴り合いが絶えない武闘派だったらしいですが……）。さらには、英オリジナル盤が持つその極上の音像が、彼らの音楽をネクスト・レベルへと押し上げています。

こちらは音圧頼みのインパクト勝負というよりも、とにかく生っぽいリアルな音像が持ち味です。全編素晴らしい音質ですが、特にA2に収録されたインスト・ナンバー「Bells」は、卒倒する人続出のキラー・チューンといえましょう。左右へのパンニングを織り交ぜながら、抜群のブラシさばきをみせる長尺ドラム・ソロは、もうホントに目の前のソコで叩いているような、フレッシュ過ぎる極上の音像です。全編聴き終えた後は、魂が抜かれたみたいにただ茫然自失とするのみです……昇天！

現代のCDやサブスクに収められているサウンドは、良くも悪くも画一的。もちろんプレーヤー周り次第でいろいろとサウンドの変化を楽しめるかもしれませんが、同一メディアであればソースとなる音源そのものの違いは少ないです。裏を返せば、クオリティーが均一に保たれているともいえます。だって、デジタルですからね。

一方、レコードは良くも悪くも結構バラバラ。LPとシングル、オリジナルと再発、ご当地盤と各国盤……たとえ同じ曲でも、音源そのものの味わいは多種多様なんです。だって、どこまでいってもアナログですからね！

The Beach Boysのブライアン・ウィルソンは、The Beatlesの『Rubber Soul』に大きな影響を受けて、世紀の名作『Pet Sounds』を創り上げたのは有名な話。そして、いつもファンの間で話題にされるのは、「じゃあブライアンが聴いた『Rubber Soul』って英米盤どっちなの？」です。『Rubber Soul』は英米盤でずいぶんとサウンドも違いますが、そもそも収録曲が異なります。そりゃあどっちに影響を受けたのか、気になるのも無理はないですよね？

たとえ同じアルバム、同じ曲であっても、今と昔、あっちの国とこっちの国、みんな違うものを聴いていたワケです。そう、でもそれこそがレコードの魅力の1つ。その楽しみ方はどこまでも広がっているんです。あなたも果てなきレコードの旅に出てみませんか？

ヴィニール・イズ・ゴールド〜レコードは資産です

ちょっとお高いウォント盤を見つけた（見つけてしまった）時に、「どうしようかな〜結構高いけどコレ探してたんだよな……。でも、この前アレ買ったばっかりだし……」と迷いに迷い抜いた経験ってありませんか？　私も店頭でそんな苦悶の表情を浮かべるお客様をよくお見かけするんですが、そんな時に決まってお声掛けするキラー・ワードが、「レコードは資産」です。

ちょっといやらしく聞こえるかもしれませんが、レコードをコレクションするという行為は、非常に換金性の高いもの。買って数年

高止まりしていたと思っていたド級のレア盤、Leaf Hound『Growers of Mushroom』。近年はさらに誰も手が届かないプライスに……。

間、散々楽しんだ後にいざお店に売ってみたら、買った時以上のお金になって戻ってきた、なんてことは日常茶飯事です。

というのも、少なくともここ20年、レコードの市場価値は上がり続けています。もちろん作品によって多少の凸凹はありますが、トータルではずいぶんとその価値を上げたものです。まるでゴールドのような安定感を保ちつつも、グングンと価値を上げていくそのさまは、負け知らずの株式投資的な色合いすら帯びてきています。

ここではレコ屋歴20年の私なりの見解で、（ざっくりとした）中古レコードの相場変動の歴史、そのターニングポイントについてお話しさせていただきます。「別に自分はコレクターという感じじゃないし、そもそも売る気なんて毛頭ない」って方も少なくないでしょう。ただ、こうして相場が変動してきたという事実もあるもので、かくいうアナタも知らず知らずのうちにそのトレンドに影響された買い方をしてきたのかもしれません。そんな歴史を生で体験してきた方もそうでない方も、何かのヒントにご一読ください。

上記の通り、私の知るここ二十数年の間、レコードの価値相場は下がり目に入ったこ

とはなく、その階段を一段、また一段と上がり続けてきました。そんな中でも、カギとなるようないくつかの大きなターニングポイントがあったので、価格変動の変遷と共に時系列に沿って話を進めていきましょう。

なお、これはおおむね全ジャンルに通じた話ではあるんですが、私はロック系のバイヤーなので、あくまでロック系の中古レコード・マーケット視点となります。

【第一章】
インターネットの誕生
〜ラベル探求の時代

さかのぼること1980年代。かつて海外とのレコード・トレードは、FAXや文通とかでのみ成立していたという、恐ろしく一般的ではないクローズドなものでした。しかし、1990年代に入ると、その状況を一変させるかのように、インターネット黎明期が訪れます。

とはいえ、それは（ある一定以上の年齢層の方にだけお馴染み）「ピーガー音」と共に始まるアナログ回線時代。画像1枚読み込むにもとてつもない時間が掛かっていたものです。そんな中、90年代中頃に登場し、そんな私たちの苦悩を（少しだけ）解放してくれたのが、ADSLやテレホーダイのサービスでした……懐かしい！

その後、ようやくインターネットの高速化が進み出したのが2000年代。その時に満を持したかのように爆発的な人気を獲得したのが、インターネット・オークションでした。Yahoo!オークション（現ヤフオク！）や、eBay等のサービスが活況を見せ、

Kestrel『s.t.』はプログレ文脈というよりも、そのポップネスとアートワークの秀逸さから、求める層が実にワイドな1枚。そりゃー高くなるワケです。

レコード・トレードの範囲と速度が急成長を遂げます。

それに伴って、情報は国境なく常にオンタイムで世界中を巡り、レコードの細かなディテールに関する研究が猛進。ラベル面の細かな違いによって初版（オリジナル盤）を判別する方法が一般化し、「私もオリジナル盤が欲しい！」と、それを追い求める層が急速に拡大したワケです。

そんな中、ここ日本でそんな初版探しに関して、絶大な影響力を持つサイトが誕生します。

■ Record Correct "errors"?
http://recordcorrecterrors.music.coocan.jp

2001年に生まれた同サイトは、当時世界でも類を見ないほどに充実した、レコードのラベル・ガイドをメイン・コンテンツに据えていました。

このサイトの誕生によって、今までは一

部のコレクターだけが知り得た、多くのレコードの初版要件が白日の元に晒され、一般愛好者や中古市場に大きな影響を及ぼしました。ただ、その反動として自分の持っていたレコはオリジナルじゃなかったと断罪され、肩を落とす人も続出したのでした……トホホ……。

【第二章】
飽くなき追求の旅
～マトリクス発見の時代

　2000年代初頭といえば、私もディスクユニオンで働き始めていたということもあり、その時の現場感というものは直接肌で感じていました。レコードは少しずつ復権の兆しを見せてはいたものの、当時はCDのバリバリの全盛期。特に紙ジャケットがとてつもなく盛り上がりを見せていました。そして、その時のレコード界といえば、新品のリリースもパラパラ、中古はオリジナル判定こそ一般化し始めてはいたものの、

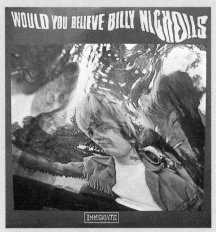

Billy Nicholls『Would You Believe』。あの時から縁はなく、というか高過ぎて仕入れられません……。

今ほど事はややこしくなく、まだまだ平和なプライス感でした。

　当時の相場感を振り返ってみると、とある週末セールに目玉品としてこの2枚の作品を出品したことを思い出します。1枚はブリティッシュ・スワンプ・バンドAndwellaの中心人物、デイヴ・ルイスのソロ・デビュー作『Songs of David Lewis』、もう1枚はビリー・ニコルスの幻の名作『Would You Believe』でした。どちらもその筋では今も昔も印籠的存在感を示す、シーンを代表するレア・アイテムです。

　その時の店頭価格は、前者が16万円、後者が15万円だったと記憶しています。もちろん当時からどちらもかなりのハイ・プライスだったことには違いないのですが、後者のほうを少し安くしていたところが、当時の空気感だったというワケです。

　ただ、それは今現在のプライス感とは大きく異なっているもので、前者はだいたい2倍程度、後者は下手をすると10倍近くに急成長。そう、いまや堂々の100万超のモンスター・タイトルとして君臨しているのです。爆騰！

　2010年に差しかかろうとする頃には、私も海外へとレコード買付の旅に出るようになり、いろいろな国のリアルな市場の状況も体感できるようになってきました。そうして国内外で多種多様なトレンドが生まれては消えていくのを見てきたワケですが、この頃にここ日本で新しくもキケンな要素が一般化し始めています。

　それが今現在もレコードの価値相場を決定付けるに重要なポジションを占める、みんな大好き（？）マトリクスです。そして、

マトリクスを追う上で切っても切り離せない存在ともいえる、テスト・プレスも大きな注目を集め始めるのです。

それまではイギリスのレコード・フェアとかに行くと、テスト・プレスがコーナーみたいな形でまとまって売られていることもあったものです。ジャケもなかったりするのでまだまだその地位は低く、レギュラー盤よりもかえって安く販売されていることもありました。当時私は狂喜して買い尽くしていましたが、そんな良い時代は二度と戻ってくるはずもありません……。

その後、The Beatlesのマトリクス研究を皮切りに、徐々に他アーティストにもそのコダワリがスライド。それに伴って、同じオリジナル盤の中でも価格の階層化が進んでいきました。そうして中古相場は、いよいよ複雑な様相を呈してくることとなるのです。なお、このマトリクスについては別項で詳しく解説しますので、ご参照ください。

【第三章】
キラー・コンテンツの躍進
〜時代の寵児、Discogsの時代

そんなこんなで2000年代後半からの10年間、細かなディテールの研究はさらに進み、その複雑怪奇なコダワリ要素はドンドンと強くなっていきました。

しかし、そんな中でも新たなファンを獲得しその裾野を広げ、今こうしてレコードが再び市民権を得るようになったのも、新風を巻き起こしたいくつかのキラー・コンテンツたちの存在が大きく影響したと言って良いでしょう。ここではその中でも特に

Record Store Day初期、2010年にリリースされたSoft Machine『Live At Henie Onstad Art Centre 1971』。当時はまだ盛り上がっておらず、開催日にイギリスの（ガラガラの）レコ屋で買いました。

大きな影響力を持ち、今やレコード一般常識と化した3つのコンテンツをご紹介させていただきます。

■ Record Store Day
https://recordstoreday.jp

まず挙げるべきは、年2回開催されるレコードの祭典「Record Store Day」。アメリカで2007年に発足、数年も経った頃には世界中で大きな人気を集めるようになりました。

イベント時に限定でプレスされるレコードたちは、即座に価格高騰を果たしたものも少なくなく、中古レコード全体の相場感にも大きな影響を与えたものです。今現在こうして新品レコードの生産が増え続けているのも、このイベントの影響によるものが大きいでしょう。

■ Popsike

https://www.popsike.com/index.php

2004年に設立された、オークション・プライス・ガイド・サイト。要約すると、eBayのレコード落札結果まとめサイトです。

それまでのレコードの中古相場は、紙発行されていたプライス・ガイドが大きな影響力を持っていました。英Record Collector誌が発行している『Rare Record Price Guide』、そして米Goldmine誌による『Goldmine Record Album Price Guide』の2大誌が最も有名ですが、今やもう一定の役目を果たしてしまったと言って良いでしょう……すいません。

たとえば英『Rare Record Price Guide』は2年に一度更新されていますが、Popsikeはオンタイム。しかも取り扱うデータ量も膨大です。しかし、あくまでPopsikeは参考となるデータがただ並んでいるに過ぎないので、プロの目で整理整頓されたプライス・ガイドは、まだまだその存在意義があるともいえるのです。うんうん。

ちなみに、よくPopsikeの話をする時にモヤモヤするのが、その読み方です。ここ日本では「ポップサイケ」が一番多数派だと思いますが、海外の方は「ポップサイク」と発音している気もします。なんなら、私の周りでは「ポップシケ」と呼ぶ人も出てくる始末……どなたか正解を教えてください！

■ Discogs
https://www.discogs.com

最後にご紹介するのは、いわく「レコード界のWikipedia」、いわく「レコード・データベース界の覇王」。そう、みなさんご存知のDiscogsです。

不特定多数のユーザーによって編集が行われる、まさにWikipediaと同じ手法によって構築された、圧巻のデータ量を誇るデータベース・サイトで、CD、レコード、カセット等々、途方もない数のフィジカル・メディアの情報がアップロードされており、収録曲、各種クレジット等の基本情報に加え、ジャケットや付属物の画像、各国でリリースされた多種多様なプレス等々、ありとあらゆるバリエーションが掲載されています。今こうしている間も日夜情報はアップデートされており、存在するマトリクスのバリエーションに至るまで、どこかの誰かが頑張ってアップしてくれています。

さらに重要なのは、それと共に備わっているマーケットプレイス機能です。オークション・サイトよりもさらに個人間のトレードの簡便化を実現しており、Discogs登場以前と以降では、世界中のレコードの流通量は全く異なると思います。

また、トレードされたレコードは、その履歴から最安・平均・最高の販売価格が割り出されており、ある種のプライス・ガイドとしても機能しています。サイトの誕生自体は2000年ですが、段々と積み重なった情報が機能し始めたのが6〜7年前。それ以降、利用者は激増し、みるみる内に個人間トレードの世界観を一変させてしまいました。

その情報量は他の追随を一切許しませんが、それを表す印象的なワードが「Discogs非掲載品」です。いわゆる売り文句として使われる用語になりますが、その圧倒的な情報量がゆえ、Discogsに掲載されていないことが高いレア度を裏付けることとなり、逆説的に商品のアピールになるという寸法です。

【第四章】
レコード界の現在とこれから
〜到来する修羅の時代？

「20XX年、世界はDiscogsの炎に包まれた……」なんて北斗の拳風に言ってもそれが冗談にならないほど、Discogsが圧倒的な力でレコード界を席巻。その影響はあらゆるレコードの価値相場に影響を与えました。

　私たち日本人が最もその影響を感じられるのは、山下達郎人気が先導するいわゆるシティ・ポップ・ブームでしょう。もちろん国内でも再評価の機運は高まっていたでしょうが、海外からの発見、評価の高まりが事の始まり。その拡散の担い手となったのが、音源のYouTubeであり、フィジカルのDiscogsだったワケです。

　そして、テレビを始めとした各メディアでも「レコード・ブーム」と声高に呼ばれる2023年現在。2000年代初頭では想像だにしなかった状況が到来しています。新譜も再発も猫も杓子もレコードが製作され、数少ないプレス工場は生産力を超える数の受注を抱えたバースト状態。2000年頃にリリースされ、CDでは売れたもののレコードでは売れずに不当に投げ売りされていた作品たちは、今や「近年盤」と呼ばれ高値でトレードされており、当時から人気盤

1992年リリースの名作、Richard Sinclair's Caravan Of Dreams『s.t.』。2020年に涙の初レコード化となりましたが、こんなことって以前は想像だにしなかったものです。

やレア盤だったものは、数倍の値段ですっかり高値安定しています。

　ただ、再発も手を替え品を替え、オープンリールでさえも再発（！）される今日この頃。一見バブリーに見えるこれらの現象は、負の側面も抱えています。新品再発の乱発、転売の拡大と失敗、廃盤価格高騰による新規コレクター参入の減少。いよいよもって、レコード界も天国に駆け上がったのか、修羅の時代に突入したのか……。

　今後の先行きを読み切ることは難しいですが、個人的には外的要因にできるだけ左右されずに、レコードを楽しんでいきたいなぁーと思っています。

初見殺しの難解専門用語解説

レコードの専門用語、それは蛇の道はヘビ。レコードの好きモノ同士であれば、たとえ入り組んだ表現とて察しがつくものなのですが、それってまだ馴染みの薄い方たちにとっては非常に分かりづらいものです。

それらはどこかの専門委員会か何かがオフィシャル認定しているワケでもなんでもなく、世界中のどこかの誰かが言い始めた用語が、巡り巡って徐々に根付いていったというケースが多いため、同じものを指し示していたとて、世界中でいろいろな呼称が飛び交っているものも少なくありません。

特に非英語圏である日本は、やはり英米を中心とした英語圏とは少しばかり用語が異なることもあるんですが、そこは世界随一のレコード研究先進国、ここ日本が世界標準になっていることもまた多いのです。

みなさんは Island Records で1970年代後半から80年代初頭にかけて採用されていたラベル・デザイン、「Day & Night」というものをご存知でしょうか？　実はこの呼称を生み出したのは……何を隠そうこの私なんです。正直言って証拠という証拠もないので眉唾っぽい話ではありますが、私が2000年代初頭に使用して以降、世界中に広まった呼称であることは間違いありません。いや、たぶん……。

この項ではそんなふうに世界中で日々生まれているであろう、レコード専門用語を

少しだけ解説させていただきましょう。数多存在する専門用語の中でも、初版特定において重要度の高い用語でありながら、非常に分かりづらくて困っている人も多い、いわば初見殺しの用語を中心にセレクトしました。

「フラット・ラベル」はフラットなのか？

■フラット・ラベル（Flat Label）

まず初めに、ご紹介する用語の中でもとりわけ分かりづらく、私も実際に過去幾度となく質問を受けてきた用語から解説していきましょう。

フラット・ラベルとはラベルの形状に由来した用語で、その名の通りラベル面がフラットに、つまり平らになっているものを指しています。ただ、この用語が使用されるレーベルは限定されており、基本的には Polydor 関連のレーベルにだけ使用されています。

Polydor 関連といえば、本体の Polydor の他、The Who やジミ・ヘンドリックスの名作群を残した Track Record、エリック・クラプトンでお馴染み RSO Records 等が挙げられるでしょう。

次ページの画像が件のフラット・ラベルです。一口にフラットと言っても少しバリ

これがフラット・ラベル。「フラット」とはいっても、縁の部分には段差があるんです。ややこし……。

こちらが凸ラベル。よーく見てください。確かに似てる、だけど違うんです……。

エーションがありますが、特に分かりづらく問題となるのはこの画像のタイプのものです。このラベルはご覧の通り Derek & The Dominos の名作『Layla And Other Assorted Love Songs』(UK Polydor / 2625005) のものですが、この作品はフラット・ラベルであることが英 1st プレスの条件となります。

では、続いて本作の英 2nd プレスにあたるラベルを確認してみましょう。掲載した写真は別作品のラベルにはなりますが、そのタイプ（形状）自体は全く同じです。

どうでしょうか？　違いが分かりますか？　正直、写真だとかなり分かりづらいところがミソで、それがまたみなさんを惑わすワケです。これは俗称「凸ラベル」と呼ばれるものですが、時には「ノン・フラット」とも呼ばれたり、ここ日本でもその呼称自体は特に定まっていません。

では、もう一度画像をご覧ください。ラベルの縁の部分に円周上に白い文字が見えると思いますが、そこが凸型に膨らんでいるのが分かるでしょうか？　これこそ

が「凸ラベル」と呼ばれる所以で、フラット・ラベルよりも一世代後のプレスとされています。

こうやって見比べたり、なんなら実物を触ったりするとまだ分かりやすいのですが、その字面だけで判断しようとすると足元をすくわれちゃいます。というのも、フラットのほうもラベルの縁には段差が見えますよね？　凸ラベルと比べてフラットなだけで、ラベル面全てがフラットというワケではないんです……と書いていてもワケ分からなくなってきますね！　とにかく細かいことを気にし出すとキリがありませんので、これはこういうものとして覚えてください。

ここで追い打ちをかけるかのように、さらに頭をこんがらがらせる話をしておきましょう。RSO Recods からリリースされた、エリック・クラプトンの名盤『461 Ocean Boulevard』(UK RSO/2479118)。こちらは 1974 年リリースということもあり、凸ラベルが 1st プレスになります。マトリクスもいろいろとバリエーションがあって、初回となる「A//1 B//1」は高い人

気を誇っています。

　そんな本作にもフラット・ラベルが存在しちゃいます。ただ、プレス時期を示すマトリクス等とのデータと突き合わせていくと、フラットであっても初期プレスというワケではなさそうです。そのことからも、このケースではフラットか否かが、上記のようにプレス時期を決定付けるものではなく、あくまでプレス・バリエーションに過ぎないということが分かるのです……。んー、ややこし過ぎますね！

「コーティング」と「テクスチャー」

■フル・コーティング・スリーヴ（Full Coating Sleeve）

　次にご紹介するのは、フル・コーティング・スリーヴ、ちょっと略してフル・コートとも言います。そして、ここでのポイントは、その「フル」というワードです。

Cream『Disraeli Gears』は、裏ジャケットもコーティングのあるフル・コートが初回の条件。

　言わずと知れた歴史的名盤、The Jimi Hendrix Experience のデビュー・アルバム『Are You Experienced』（UK Track Record / 612001）の英 1st プレスのジャケットは、「フロント・コーティング」と呼ばれる、ジャケット前面にのみコーティングが施されたものになります。ただ、かなりプレス枚数は少ないですが、裏面にも同じくコーティングが施された、今や中古市場ではすこぶる高値で取引されているレア・バージョンが存在します。

　それこそが、まさにフル・コートと呼ばれるものです。つまり、通常はジャケットの前面等の一部分だけなのに、全体にも同じ加工が施されている、そんな時にこの枕詞「フル」が使われるという寸法です。

　また、類似例としてデヴィッド・ボウイ『Hunky Dory』（RCA Victor/SF 8244）も挙げておきましょう。本作の通常の英 1st プレスは、コーティングのないマットなスリーヴなのですが、レア・バージョンとしてフロント・コート仕様が存在しています。ただ、こんな場合は「フル」は付かずに、単にコーティング・スリーヴ（・バージョン）なんていう感じで呼ばれます。分かります？

　なお、そんなコーティングのありなしが、1st プレスの条件になってくるものも少なくありません。たとえば Cream『Disraeli Gears』（UK Reaction/Mono：593003 /Stereo：594003）はフル・コートが 1st

Yes『Close To The Edge』のジャケット外面。雰囲気のあるシワ加工が施されています。

こちらが Yes『Close To The Edge』のジャケット内面。外面同様に、内面にもシワ加工が施されているのがミソです。

プレスで、フロント・コートが2ndプレスとなります。

　もう一例挙げるとBlack Sabbath『Paranoid』（UK Vertigo／6360011）はちょっとイレギュラーで、コーティングなしが1stプレス、外面コーティングありが2ndプレスとなっています。このパターンは結構珍しいといえば珍しいのですが、つまるところ、全ては作品ごとの判断が必要となるワケです。

　また、このコーティングという言葉も、国によっては「ラミネート（Laminate）」という異なる呼称がありますので、なんか話が噛み合わないな……と思った時は、使い分けてみてください。

■フル・テクスチャー・スリーヴ（Full Textured Sleeve）

　また現れた「フル」シリーズ、今度はテクスチャー・スリーヴです。これもフルと呼ばれるからには、通常版よりもテクスチャー面が増えていることを指し示しているワケですが、少し混同しやすい1枚を例に挙げてみましょう。

　Yes『Close To The Edge』（UK Atlantic／K50012）は、フル・テクスチャー・スリーヴであることが1stプレスの条件と

されています。ただ、ここでのポイント
は、本作がゲイトフォールド・スリーヴ
（Gatefold Sleeve / 見開きジャケット）で
あるという点です。

　本作の見開いたジャケットの外側、つま
りジャケットの前面と裏面のどちらにもテ
クスチャー（この場合はシワ加工）が施さ
れているものを見て、これはフル・テクス
チャーだな……というのは早合点です。本
作のオリジナルの条件を満たした盤が入っ
ているジャケットは、外側だけがテクスチ
ャーとなっているものと、さらに内側まで
もがテクスチャーとなっている、つまりフ
ル・テクスチャー仕様となってい
るものの2種類が存在している
のです。

　お察しの通り、本作ではフル・
テクスチャーこそが1stプレスと
されているワケですが、このよう
に見開きの場合は外側・内側どち
らもがテクスチャーとなって、初
めて「フル」という冠が付くとい
う塩梅なのです。あー、ややこし
……。

　ちょっとここでフルのくだりか
らは少し離れて、他作品のテクス
チャーの例をご覧いただきましょ
う。

　右の画像はSoft Machine脱退
後のロバート・ワイアットを中心
に結成されたグループ、Match-
ing Moleのデビュー作にして、カ
ンタベリー・シーンの記念碑的ア
ルバム『s.t.』（UK CBS / S64850）
です。掲載した画像だと分かりづ

らいですが、初期プレスの中にもジャケッ
トが2種存在しています。少し色味の濃
い右側が1stプレス、そして左側が2nd
プレスとなるのですが、少し拡大して見て
みましょう。

　右側の1stプレスのほうには、細かくニョ
ョロニョロとしたテクスチャー加工が施さ
れているのがお分かりでしょうか？　こう
いった1stプレスにだけ加工が施されたも
のを俗に「初回テクスチャー仕様」なんて
いうふうに表現したりもします。なお、こ
れらの中に入っている盤のラベルは同デザ
インになりますが、テクスチャーのものの

Matching Mole『s.t.』の邦題は『そっくりモグラ』。なんだ
か良いタイトル考えますよね！

確かにテクスチャーの有無もありますが、色味だって違うんです。

ほうがマトリクスも若く、1st プレスであ
ることを裏付けています。

　ご紹介した Yes と Matching Mole でも
分かるように、テクスチャーとは表面加工
の総称で、その加工の施され方は千差万別。
コーティングとは異なり、ありなしだけの
話じゃないんです。ここでピンと来た方は
かなり察しが良いですが、つまり 1st プレ
スも 2nd プレスもテクスチャー・スリーヴ、
でも加工のタイプが違う、そんなタイトル
もあるんです。そうなると、ただテクスチ
ャーと呼ぶだけでは言葉足らずとなるワケ
です。

　画像がなくて申し訳ないのですが、その
例としてジョニ・ミッチェルの言わずと知
れた名作『Blue』(UK Reprise / K44128)
の英盤を挙げさせていただきましょう。本
作の 1st プレスと 2nd プレスは、盤のラベ
ルは同デザイン、そしてジャケットも同じ
くどちらもテクスチャーです。ただ、その
加工が違うのです。1st プレスは絹目のよ
うな細かいテクスチャーが施されているの
に対して、2nd プレスは粗く斑点状（？）
のテクスチャーとなっています。これ大事。

　他にもテクスチャーはいろいろと種類が
ありますので、最後に King Crimson『In
The Wake of Poseidon』の例を写真と共
にお送りしましょう。

　とある日の店頭で、商品カードを片手
に「これってどういう意味ですか？」と
聞かれたのですが、見るとそこには「Bな
し」と書かれていました。私も「え？　Bな
し？」と全く意味が分からず、そのお客様
と頭を捻ること30分……一向に解決しま
せんでした。

上は雰囲気のある荒っぽいテクスチャーが魅力
の King Crimson『In The Wake of Poseidon』
英 1stプレス。中はきっちりとした絹目加工が施
された、70年代中頃プレスの英盤。下はテクス
チャーに加え、ピカリと輝くラミネート加工が施
されたニュージーランド盤。

　その翌日、「Bなし」と書いたスタッフ
が分かったので聞いてみると、「バーコー
ドなしのジャケのことだよ」と言うワケで
す……いやいや、さすがにそれは分から

んでしょ!?

　それは極端な話としても、とにかく専門用語って分かりづらいものです。でも、レコード屋で実際に見たり触ったりすると分かりやすいですし、もちろんスタッフに聞けばいろいろと教えてもらえるでしょう。お気軽にどうぞ！

「別ジャケ」、「独自ジャケ」とは!?

　それにしてもレコード業界って、よくもまぁこんなにも分かりづらい用語がそろったものです。もちろんどんな業界でも専門用語はあるものですが、専門用語というよりも「これってほとんどスラングじゃないですか？」というレベルのものが多い気がします。

　かくいう私も、すでにその文化に染まりに染まってしまっているということもあり、普段から何の気なしに、そんなレコード・スラングをペラペラと流暢に喋ってしまっています。でも、それってただでさえ最高に分かりづらいレコード業界への、新規入門者を遠ざけてしまう恐れもあるのです。

　とはいえ、字面だけで分からない用語なんて世の中いくらでもあるもので、今さら「使うのをやめましょう！」なんて言うこともできません。それに、いちいち説明臭い呼び方をしたところでまどろっこしいですし、第一なんだかクールじゃありません。

　さかのぼること、レコード最盛期。アメリカでは新品を中古として、いわば新古品として販売しようとする時なんかに、その目印としてジャケットに無理矢理気味に穴（きれいな丸じゃなくてバリが出てる感じ）を開けるという、今では許し難い所業が行

これがドリル・ホールです。もっと雑で大きい穴のものもたくさんあります。

われていました。

　その穴というか、今説明したくだりを総称して「ドリル・ホール（略して DH）」という専門用語で呼ばれているんですが、知っている方にとってはいちいち全部を説明するより、ドリル・ホールと言われたほうがスマートで分かりやすいんです。もちろん、用語を正しく知っていればという話ですけどね。引き続き、ちょっとクセのあるレコード専門用語を解説していきましょう。少しでもお役に立てれば幸いです！

■別ジャケット（別ジャケ）
別称：独自ジャケット、Different Cover（Sleeve）

　今じゃちょっと考えにくい話ですが、1960〜70年代においては、生産される国によって作品のアートワークが異なっているケースも少なくありませんでした。そして、アートワークだけではなく、収録曲自体を変えてみたり、独自に編集したベスト盤を作ってみたりと、何かと自由が利いたおおらかな時代でもありました。そうして生まれた途方もないバリエーションは、現代のコレクターたちをどこまでも広がる魅

イタリアン・プログレの雄、Uno の仏別ジャケ。元ジャケとは激しく異なります。

惑のレコード魔境へと誘っていくのです。

　そんなこんなで、本国盤とは異なるアートワークが採用されたジャケットは「別ジャケ」と呼ばれています。また、言い換えとして「独自ジャケ」なんていうふうにも呼ばれていますが、どちらもその生産された国名と組み合わせて呼ばれることも多かったりします。たとえば「イタリア別ジャケ」や、「スペイン独自ジャケ」と呼んでみたり、国を漢字にして「仏別ジャケ」なんていう呼び方もポピュラーです。

　なお、日本のものは「日本別ジャケ」という呼び方はあんまりしません。「日本」を「国内」に言い換えて、「国内別ジャケ」と呼ぶほうが一般的ですが、特に深い理由はありません。ね？　スラングっぽいでしょ？

　では、その実例を見ていきましょう。まずは米サイケデリック・ロック・バンド、The Tangerine Zoo が1968年にリリースしたデビュー・アルバム『The Tangerine Zoo』の国内別ジャケです。

　全然違う本国盤のアートワークは別途ご確認いただければと思いますが、素晴らしいほどにサイケデリックしているこの国内盤は、国内外問わず高い人気を誇っています。アートワークに加えて、帯の色味やフ

インパクト極大な The Tangerine Zoo の国内別ジャケ。独サイケ再発レーベルの名門、Shadoks Music もジャケに採用。

ォントもさらにそのデザイン性を高めており、〇十万円というハイ・プライスにも（ある程度）納得です。

　こんな調子でいろいろとご紹介するととんでもない量になりますので、残りは別ジャケの宝庫、トルコから名品をご紹介させていただきます。

　数多存在するトルコ別ジャケにおいて、ロック界最高峰の呼び声高い傑作が、Led Zeppelin『II』の通称「モンスター・カヴァー」です。元ジャケなんて一切無視とでもいわんばかりに、異様で気味の悪いアートワークに包み変え、その抗い難い魅力から市場価格も高騰を続けている、まさに「怪物」という形容がピッタリの1枚です。手持ちに写真がなくて申し訳ないですが、ちょっとググればご覧いただけますので、ぜひ一度チェックしてみてください。

　下の画像がもう1つのモンスター・カヴァー、Iron Butterfly『In-A-Gadda-Da-Vida』のトルコ別ジャケです。こちらも同様に、元ジャケの名残は微塵もなく、コレを見ながら聴くと、曲の印象までをもガラリと変えてしまうこと請け合いです。

　そんな中、ある意味ではそんな怪物たちよりも恐ろしい別ジャケも存在しています。では、まず次ページ上の画像をご覧ください。

　書いてある通り、内容はPink Floyd『Obscured By Clouds』なんですが、使用されているステージ写真をよくよく見てください……これって、本当にPink Floydですか？

　「あれ？　これってまさか……」となった方も少なくないと思いますが、そう、何を隠そう写っているのはQueenのメンバーです。もちろんQueenのメンバーがPink Floydに加入したワケではありません。何がどう時空が歪んでこうなったのかは知りませんが、こういうワケワカラン珍味を楽しむのも、別ジャケのたまらないところでもありますね！

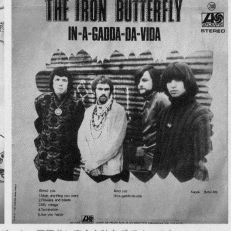

Iron Butterfly『In-A-Gadda-Da-Vida』のトルコ別ジャケ。両面共に完全な独自デザインです。

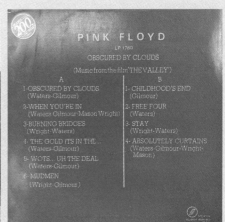

Pink Floyd『Obscured By Clouds』のトルコ別ジャケ。当時の勘違いの勢いって恐ろしいですよね……。

背が絞られているか否か、それが問題だ

■背絞り

別称：ピンチド・スパイン（Pinched Spine）

　これはなかなかの難解用語です。「背」とはジャケットの背（スパイン）のことで、それを絞っている（ピンチ）という意味ですが、なんじゃそりゃというのが普通の反応です。

　では、右の画像をご覧ください。これはBad Company の『Straight Shooter』の英オリジナル盤になりますが、一番下のレコードはジャケットの製造工程上の理由もあって、こんな感じで背の上下がギュッと絞られています。だからなんだという話ですが、ここでのレコード・ジャンキー的ポイントは、同作品でも絞りの有無が存在するケースがあるということです。そして、それらは単なるバリエーションということ

もありますし、初版の要件になることもあります。

　上の3枚は同じく『Straight Shooter』の英オリジナル盤なんですが、今度は背絞りがないのがお分かりいただけると思います。とはいえ、この背絞り「あり」＝1枚、「なし」＝3枚はすべてジャケット以外、つまりラベル（カスタム・ラベル）とマトリクス（MAT：1U/1U）は同じものです。あ、一応マザーとスタンパーは違いますけど。なお、「なし」3枚の色味の違いは、日焼け等の経年劣化に由来するもの

Bad Company『Straight Shooter』のスパイン4種。

シュリンクに包まれたスパインを持つ、Pink Floyd『Wish You Were Here』。

なので、同じものと思ってください。

そして、この4枚並んだ絵面からお察しかもしれませんが、この作品に関しては背絞り「あり」のほうが希少度が高いです。ただ、ここでの背絞りの有無はプレス時期と関係しているワケではありません。あくまでバリエーションと思ってください。

また、先ほど触れたように単なるバリエーションではなく、背絞りの有無が初版の要件となるケースもあります。その例として挙げておきたいのが、Pink Floyd『Wish You Were Here』です。なぜこの作品を挙げたかったかというと、英盤では珍しくシュリンクラップに包まれているからです。

ロックのレコードを嗜んでいる方にはお馴染みなんですが、本作は通常のジャケット（燃えてる人が握手を交わしている白いヤツ）をシュリンク（丸いステッカーが貼り付けられた黒いヤツ）が包み込んでいます。いわゆる後発盤になるとシュリンクが付かなくなるんですが、シュリンク付きの初期タイプのジャケでも、背絞りの有無で2種類が存在します。まぁ、ちょっと私も曖昧な言い方をしていますが、それはというのも、どこまでコダワルかによってその

辺りは変わってくるということなんです。あしからず。

そして、そんなコダワリな方に向けてのアドバイスもしておきましょう。本作のジャケがシュリンクに包まれていた場合、目視で背絞りの有無を確認することが難しくなります。もちろんシュリンクを外すワケにもいきませんし、どうしたものか……というところですが、解決策はいたってシンプル。そんな時は手でつまみながら撫でるようにして、絞りの有無を確認してみましょう。あくまで優しくですよ！

プロのロック・バイヤーともなれば、本作のシュリンク付きを見るや否や、即座に両手が定位置に付きます。左手は背部分に動き絞りの有無をノールックで確認、そして右手は盤面他を取り出して目視でチェックというように、一切がよどみなく流れるような動きを見せていきます。これぞ職人。

■ワイド・スパイン（Wide Spine）

最後にそんなスパインの人気バリエーションの1つ、「ワイド・スパイン」も解説しておきましょう。

このワードを有名にしたのも、みなさんご存知の歴史的名作、The Beatles『Sgt. Pepper's Lonely Hearts Club Band』になります。画像をご覧いただければ一目瞭然、背の太さが倍ぐらい違うのがお分かりいただけるでしょう。この作品に関しては、通常とワイドに生産時期的な前後はなく、いずれも初版のものとされています。ただ、ワイドのほうが希少度は高く、そのインパクトのある見た目からもより高値で取引さ

上がワイド・スパイン、下が通常盤。随分と違うのがお分かりいただけると思います。

れています。

　余談ですが、ここからは上級者の方に向けての私からの問いかけです。あくまで上級者向けとなりますので、専門用語の解説は割愛させていただきます。すいません。

　本作の英初版のジャケットには、ワイドの他にも多くのバリエーションが存在しており、中でも「Fourth Proof」、「Patents Pending」が代表的でしょう。がしかし、そのビジュアルの派手な違いにも関わらず、なぜかコレクター界隈でも素通りで話題にされていないバリエーションがあるんです。そんな細かいクレジット違いとかではなくて、もっとデデンッとある部分の写真が違うんです。私も今までに何人かのコレクターの方に聞いてみたんですが、「初めて聞いた」の一点張りです。

　私的に「Red Eye」と呼んでいるこのバリエーション、私もその存在に気づいてからまだ1枚しか見たことがありません。その時に撮った写真もあるんですが、レコード市場への影響も鑑みて、今の時点では掲載を見送らせていただきます。もう少し調べさせていただいて、個体数やその出自がある程度クリアになってから発表したい

と思っているワケです。だって、ただの個体差の範囲内かもしれませんしね。

　だからこそ、みなさんから少しでも多くの情報をいただければうれしいなと思っています。「そんなん、とっくに知ってるわ！」でも、「例のヤツ、写真見してよ」でもなんでも良いので、お気軽にお声掛けくださいね！　よろしくお願いします！

　ちょっとサージェントに熱くなってしまいましたが、最後にワイド・スパインの一例も挙げておきます。なお、『ホワイト・アルバム』とかが特にそうですが、ワイドだからってそんなにプライスに反映されないよという例（『ホワイト・アルバム』は他に優先される要素が多すぎるんです）もありますので、こんなのもあるんだーぐらいの感じでご確認ください。以下全て英初版です。

■ The Beatles『s.t.』（『ホワイト・アルバム』）
■ Paul and Linda McCartney『Ram』
■ Kate Bush『Lionheart』
■ The Who『Quadrophenia』
※これはただでさえ広めの背がさらに広いので、「スーパー・ワイド・スパイン」とも呼ばれています、って私が言い出しただけなんですけど。ちなみに、細かい説明は割愛しますが、オランダ製です。

　ここまで専門用語の解説をさせていただいたワケですが、まだまだ氷山の一角も一角。しかも、その1つひとつがまたややこしいのなんのって……。

　でも、この世界って知れば知るほどドン

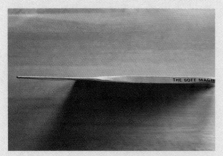

Soft Machine の 1st の仏別ジャケ。背がかなり広めにピンチされているところも魅力の1つです。

ドン楽しくなっていくもの。最初はなんだかおぼつかない感じで使っていた専門用語たちも、いつの間にか上手く使いこなすようになっていて、気付けばより深みへ歩を進めているものなのです。あ、それを沼とも言いますが。

　ということで、私としても以降もいろいろな用語の話をさせていただこうと思いますが、単なる解説だけではなくて、できるだけその魅力や人気のヒミツなんかを一緒に語らせていただこうと思っています。そして、この（ディープな）レコードの世界のガイド役として、少しでも入ってきやすいような土壌作りができれば良いな、とも思っております。

　とまぁ、そんなこと言っていますが、自分が浸かっている沼に引きずり込んで、道連れにしようともがいているだけなのかもしれませんけどね……。

7

個性全開のジャケット・アート

レコードはアナログ工芸品。昨今のサブスクのようなデータ音源はいうまでもなく、CDを代表とするデジタル以降のメディアと、アナログ時代のレコードとを大きく隔てるもの、それはジャケットの存在です。

別にそれはCDにだってあるじゃない、なんて思うかもしれませんが、単なる1枚の絵としての見た目だけの話ではないんです。レコードの大きさだからこそ実現し得る、変形ジャケットとバラエティーに飛んだ付属品、プラスチック一辺倒では表現できない多様な素材を用いた特殊ギミック、そして時代を経たからこそ帯びるヴィンテージな風合い……。半ば採算度外視だって許された古き良きあの頃、レコード会社やアーティストたちは、30cm×30cmの世界の中で競うかのようにアートしてたんです。

そんなこともあって、それぞれハッキリとした個性を持つようになったレコードたち。深く知れば知るほどその個性に気づき、人の蒐集欲を内側からえぐるようにくすぐる、そんなフェティッシュな要素がてんこ盛りになっています。しかも、1枚のレコードが持つその個性は永久不滅なものではなく、時代を経て増産や再発を繰り返す度に薄れていってしまうもの。いわゆるオリジナル盤をみんなが血眼になって探すのは、サウンドだけではなく、こうしたジャケットの存在もまた大きいものです。

ちなみに、365日レコードを触っている私ですが、そんなことを20年以上も続けていると、目をつぶっていてもある程度そのレコードの個性、つまるところ素性が分かるようになりました。弁当屋のご飯よろしく手に持って重さを感じ取り、さながらエステティシャンのようにすべすべとジャケットの肌触りを確認し、果ては警察犬がごとくクンクンとジャケットの内側の匂いを嗅げば、もう決まり。そのレコードがいつどこで生まれたのかが（ある程度）分かるんです。愛好家の中ではあるあるネタなんですが、それがなんの役に立つのかって？　それは聞かない約束です……。

特殊ギミックを味わえ！

それでは、そんな個性が溢れかえるジャケットたちの中から、厳選して2枚をご紹介しましょう。

トップバッターは、Raspberriesの1972年デビュー作『s.t.』。パワーポップの名作として知られる1枚で、オープニング・ナンバー「Go All the Way」は誰もが一度は耳にしたことのある名曲でしょう。

そんなアルバムのジャケットは、一見ごくごく普通の爽やかテイストなんですが、このタイトルが書かれたステッカー部分、実はこするともっと爽やかなんです。

早すぎたレコード版4D？ Raspberries のデビュー作『s.t.』（ステッカー付）。

上部に「SCRATCH THIS STICKER AND SNIFF!」と書かれている通り、こすって匂えばここからほんのりラズベリーの香りがするという、甘酸っぱい青春サウンドを香りでも表現した名作ジャケットです。

　今やステッカーがなくなってしまっているものも多いので、お店で見つけた時はうれしくなってついつい匂ってしまうのですが、あんまり必死になってクンクンしていると、ヤバイ人に思われるかもしれませんのでご注意を……。

　もう1枚紹介させていただきたいのは、Alice Cooper の出世作でもある1972年作『School's Out』。中でもタイトル・トラックの「School's Out」は、「永遠の夏休み」を描き、スマッシュ・ヒットを果たした1曲です。そして、その内容もさることながら、本作のジャケットはレコード芸術を地でいく素晴らしい作品なんです。未見の方は、ぜひとも画像をググってみてください。

　このジャケットをデザインしたのは、デザイナーのクレイグ・ブラウン。Rolling Stones のあの「ベロ・マーク（Tongue and Lips）」を生み出したクルーのうちの1人です。

　本作では、メンバーたちがガリガリと名前を彫った学校の机をデザイン・ソースにして、ジャケット内面には机の中身も再現。そして、裏側の羽根部分を立ち上げれば本物さながらの立体感が出る、そんなギミックたっぷりの変形ジャケットにデザインされています。

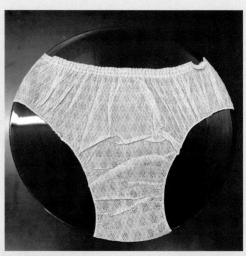

いくらレコード界広しといえども、こんなアイデア2つとあるもんじゃないです。

ただ、本作のデザインでさらに注目すべきはその中身でしょう。なんとこんな紙製のおパンティーが付属してくるのです。もちろんレコード専用なので履かせてみるとこんな感じ。レコードさんがおパンティーを履く、なんともシュールな絵面です。

しかも、このパンティー、色やデザインが違ったりと各国盤を含めるとさまざまなバリエーションが存在するんです。当時の人たちが妙なコダワリを見せた結果、今ではそれらを全部集めてやろうとするツワモノたちも現れました。私も今まで数多くのパンティーを見たり触ったりしてきましたが、経年なのかどうなのか、なにやら薄汚れていたり変色していたりして、触るのをちょっと躊躇することもしばしば。しかも、なんならパンツだけが失くなっていたりするのを見ると、想像が膨らんでなんだか複雑な気持になるものです……。

ちなみに、Raspberries と Alice Cooper のこのギミック、なんと国内盤紙ジャケットCDでもめでたく再現されています。もちろん香りもパンティーもです。芸術たるレコード・ジャケットの世界をCDサイズでも忠実に再現するという、使命感にも似た心意気。日本人のレコード愛がCDにもいかんなく発揮された、素晴らしき好例ではないでしょうか……リスペクト！

描き人知らずの自作ジャケット

ところで、レコード屋に長年通うと、妙な経験をすることありませんか？　パタパタと新着コーナーかなんかを見ていて、ふと目に止まった1枚のレコードに「ん？　え？　あれ!?」と三度見をかましちゃうような経験です。

別に超絶レア盤を発掘とか、奇跡の爆安ブッコ抜きとかそんな類の話ではなくて、「ん？　こんなレコードあったっけ……」、「え？　これって見たことない別ジャケ？」、「あれ!?　いやいや、これそもそも手描きじゃん！」というような三段活用で目に飛び込んでくる、とある自作レコードとの出会いの話です。

どこかの誰かが勝手に作った1枚のジャケットが、ひょんなことから人の手に渡り、巡り巡ってレコード屋の片隅にひっそりと潜んでいる、ある種のゲリラ型アウトサイダー・アート「勝手ジャケ」。普通に「勝手ジャケ」なんて呼んじゃってますが、私が今、原稿を書きながらなんとなく思いついただけの造語です。

何かの拍子にジャケットを失くしたとか、そもそもアートワークが気に入らなかったとか、いろいろな理由があるとは思いますが、要は通常のオフィシャルなレコード盤が、どこかの名無しさんが勝手に作ったお手製ジャケットに入れられて出回っているもののことを指しています。

私も商売柄、過去に何度かそんな三度見経験をしていますが、その中でも群を抜いて素晴らしい1枚に出会ってしまいましたので、ぜひこの機会にお披露目させてください。ただ音楽を聴くだけじゃもったいない、無限の楽しみ方が広がる奥深き（罪深き）レコードの世界への誘いです。

自作ジャケットの世界では大メジャーともいえる、アメリカが産んだ稀代のアウトサイダー・アーティスト、ミンガリング・マイクをご存知でしょうか？

60年代後半のデビュー以来、数十枚に渡るレコードを制作し続けたソウル界のスーパースター、ミンガリング・マイク。ただ、彼が他アーティストと大きく違うことが1つ。ジャケット、レコード、歌詞、音楽、そしてそのアーティスト名に至るまで、その全てが彼の「妄想」だったのです。そして、彼は自らの妄想を声と楽器ではなく、ペンとダンボールで具現化した異能のアーティストだったのです。

印象的な手描きジャケットには（架空の）レーベル・ロゴや規格番号が描かれ、（架空の）ファンクラブへの連絡先や、（架空の）ビッグ・アーティストからの推薦文等も掲載。さらにはシュリンクラップで包み込み、その上にはお手製ハイプ・ステッカーも貼り付けるという念の入れよう。レコード盤はダンボールで作られ、溝までをも手描きで再現。もちろんラベル・デザインやクレジットも入念な仕上がりです。決して画力があるというワケではないんですが、それら全てが彼のレコードへの深い愛（偏愛？）がゆえの「ワカッテル」感に満ち溢れていて、同じレコード好きであれば食らわされること間違いナシです。

彼はさまざまな名義を使い分けながら、オリジナル・アルバムのみならず、ライヴ盤やトリビュート盤、そしてベスト盤と次々に妄想リリースを続けたのですが、ここで何よりも重要なことは、これらの妄想レコードはあくまで彼一人の楽しみであったということです。

後に彼と貸し倉庫との間のトラブルにより、叩き売られることとなった妄想レコードは、蚤の市で偶然にもコレクターに「発掘」されてフックアップされるまで、誰の目にも触れずただひっそりとしまい込まれていただけでした。別に売れてやろうとかアートしてやろうとか、そんな助平心はハナからゼロ。架空のベッドルーム・スーパースター「ミンガリング・マイク」は、彼の頭の中だけで光り輝き続けていたのです。そんな純真無垢な作品だからこそ、みんなの心を激しく打ちつけるのではないでしょうか？　これこそ「勝手ジャケ」の1つの完成形と言っても過言ではないでしょう。

前置きが長くなりましたが、ここからは私が発掘した「勝手ジャケ」をご紹介していきます。これまでいろいろと見ていく中で大きく3つのパターンに分けられることが判明しましたので、分類別にご紹介していきたいと思います。

【パターン1】
再現ジャケ

まずは最もシンプルといえる、オリジナル・アートワークの忠実な再現を目指す「再現ジャケ」をご紹介。「レア盤の盤だけを格安で手に入れたから、ジャケは自分で作っちゃおう！」というノリが1つの定番だと思いますが、できるだけ自らの手描きでオリジナルに近づけようと努力するタイプのヤツです。

「コピーしたほうが早くない？」と思う方もいるかもしれませんが、周りにそんな都合良くオリジナル・ジャケを持っている人はいないものですし、インターネット以前の時代では気軽に画像を調達もできません。もちろん単純に楽しみとしてやってる人もいると思いますが、とにかくレコード愛が

相当に深くないとできない所業ではあるで
しょう。

　例として挙げている Cluster『Cluster
II』も、深い愛がゆえの素晴らしいクオリ
ティーです。おそらく油性マーカーで丹念
に描き上げた近年の作品だと思いますが、
この情熱ほとばしる筆致は、もはやオリジ
ナルにはない特別なオーラを帯びています。
ちなみに、中に入っていた盤は通常の独初
版でした。

【パターン2】
カット＆ペースト（貼り絵）・ジャケ

　雑誌の切り抜きやステッカーなんかを白
ジャケに貼り付けて作る「カット＆ペー
スト（貼り絵）・ジャケ」。思い思いの切り
抜きを配置していくので、なかなかに作り
手のセンスが問われます。掲載した写真の
ものは正直それほどの出来ではないのです
が、アクセントになっている「まことちゃ
ん」が気になったので採用しました。

　その手軽さからも数的には一番多く見つ
かりますが、元々白ジャケに入っているも
の、つまりはプロモやテスト・プレスに付
属している白ジャケに切り貼りしたケース
も多いです。かくいうこれも、中にはすこ
ぶるレアな某見本盤が入っていました。こ
の手のジャケを見たら、中身をチェックし
ておきましょう。

【パターン3】
オリジナル・ジャケ

　そして、随分とひっぱりましたが、この
記事を書くきっかけにもなった、完全ゼロ
からオリジナル・ジャケットを創造する

【パターン1】Cluster『Cluster II』の再現ジャケ。

【パターン2】The Beatles のカット＆ペースト（貼
り絵）・ジャケ。

51

「オリジナル・ジャケ」。勝手ジャケ界の頂点ともいうべきパターンですが、その中でも至高と呼ぶに相応しい1枚をご紹介します。

　満を持してご紹介するのは、The Beatlesのシングル『カム・トゥゲザー b/w サムシング』の勝手ジャケ。ピクチャー・スリーヴ前面はお馴染み『Abbey Road』のアルバム・アートワークを模倣していますが、クレヨンで描かれた淡く優しいタッチ、そしていかにも本当にありそうな秀逸なデザインにグッときます。

　では、本作のオフィシャルな通常ジャケ（お手数ですが、画像をググってください）と比べながら詳細を見ていきましょう。

　オフィシャルはペラ1のジャケットで、背面には歌詞が掲載され、盤はお馴染みのAppleロゴが入った黒いスリーヴに収められています。

　一方、この勝手ジャケ・バージョンはジャケットが見開きに変更され、内面に歌詞、背面にはロゴを配置した、他タイトルではお馴染みの意匠を再現。もちろんこれら全ては「手書き」です。スリーヴのAppleロゴも抜かりありません。

　さらに注目すべきは、本来はなかった解説文が掲載されていること。解説者の名前は伏せておきますが、間違いなくこの解説文、この勝手ジャケの制作者によるものでしょう。ジャケットとしてのクオリティー、レコードへの深い理解と愛、そして「勝手解説」を入れ込むほどに漲る情熱。マジで

【パターン3】The Beatles『カム・トゥゲザー b/w サムシング』のオリジナル（勝手）・ジャケ。

泣かせます。

　売上のことを考えたり、レーベルやアーティストに忖度したり、そんな商業的なこととは全くの無縁。ただただ溢れ出る音楽への愛が止められずに創り出す、そんな勝手ジャケの世界に触れるたび、自分もまっさらな気持ちで音楽へ向き合いたいと思わされるのです。

　今や世界中のレコードがワンクリックで買える、そんな素晴らしい時代なのかもしれませんが、ただ自分の探してるモノをサッと買って聴くというだけじゃもったいない気がするんです。

　勝手ジャケなんて、ネットで探して買おうというようなものではありません。確かに誰かに自慢できるものではないかもしれませんし、高値が付くとか、DJネタで使えるとか、そんなこととも全くの無縁かもしれません。ただ、ミンガリング・マイクみたいに、自分だけの密かな楽しみ方を持

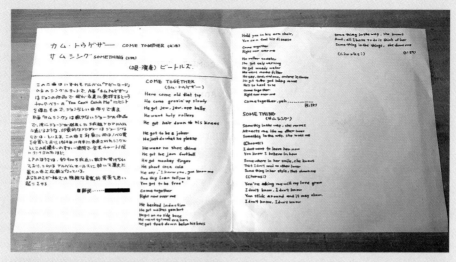

こういった誰に見せるワケでもないのに、自分の魂を込めた解説文にグッときます。

ってるというのもオツじゃありませんか？

そんな無限に広がるレコードの楽しみ方を知るには、自分の足を使うことも大事だと思います。知らない街の商店街を歩き、ちょっと暗がりの狭い階段を昇って軋むドアを開けた時、その向こう側に広がる夢の世界。日も沈んだ帰り道、ズシリと肩に食い込むレコードと、妙に痩せた財布に不安になるけれど、どうしてもほころぶ顔が止められない、待っているのはそんな幸せな時間です。

そうだレコ屋、行こう！

8

封印されし没ジャケットの醍醐味

その内容の過激さから「放送禁止歌」となった音楽があったように、なんらかの理由でこの世に発表されずに埋れてしまったレコード・ジャケット、つまりは「没ジャケ」というものが存在します。

単純にアーティスト自身が気に入らなかったとか、レーベル的にこれは大衆向けじゃないと判断したとか、まぁ本当にさまざまな理由があるとは思いますが、そうした没ジャケがひょんなことから一般市場に姿を現し、一躍レコード・コレクターたちのアイドルとして祭り上げられることがあるんです。

下世話な話ですが、ハッキリとした違いのあるジャケであればいざ知らず、ちょっとした違いしかないものであれば、どこぞのレコ屋でひょんなことから激安でブチ抜けることもあるかもしれません。そして、そのコツはいたってシンプル。1枚でも多くの没ジャケを知っていることです。そんなロマンにあやかりたい方、これだけでも覚えて帰ってください。

ロック界を見渡してみると、この手の話で真っ先に名が挙がるのは、20世紀最大のロック・バンド、我らが The Beatles に

ほとんどホラーな「Butcher Cover」。これは貼って剥がした「3rd State」と呼ばれるもの。

よる通称「Butcher Cover」です。1966年にアメリカでリリースされた編集盤『Yesterday and Today』のオリジナル・ジャケットにあたるものなんですが、白衣を着たメンバーが赤ん坊の人形と生肉に囲まれてニヤついているという、まぁまぁ普通にグロいデザインでした。

当時売れ線も売れ線だった The Beatles。レコ屋としても「さぁ、今回もバカバカ売ったるぜ！」なんて意気込んでたら、店に謎のグロジャケが届いた……なんて結構引きつり笑いモンかもしれません。そんなこともあって、レーベルのセールス担当や

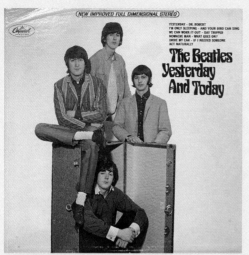

そして、こちらは紙1枚貼られた「2nd State」。写真では
見づらいかもしれませんが、リンゴがうっすら透けてるの
分かりますか？

レコ屋から非難轟々、リリース直前に急遽
回収となってしまったワケです。

　その後回収されたレコードは、その上に
別デザインのジャケットを貼り付けて再出
荷されたのですが、上に紙1枚貼っただ
けなんで、薄っすら下に透けて見えてい
る「Butcher Cover」が気になっちゃうも

の。ということで、市場に出たら出
たで、今度はまた紙1枚剥がされ
たり、レーベルも改めて再プレスし
たりを繰り返すうちに、いろんなバ
ージョンができてしまいました。細
かい話をしだすと長いので割愛しま
すが、そんなこんなで今では最もレ
アなバージョンになると○百万円は
する、ロック界を代表するレア盤に
なってしまいましたとさ。めでたし
めでたし。

よく見ると違う……
もしやプロト・タイプ？

　さて、ここからはさらにコレクタ
ー度の高い話をしてみましょう。次
にご紹介するのは、Yes『Fragile（邦
題：こわれもの）』の俗称「船なし
ジャケ」です。これもレア度は鬼レ
ベル。市場への出現回数も極端に少
ないので値段はあってないようなも
のですが、今では80万円ぐらいが
ひとつの目安でしょうか？

　パッと見では何がそんなに違うの
か分かりづらいかもですが、シンプ
ルかつ大胆に異なる箇所があるんで
す……そう、真ん中の「Spaceship
（船）」がないんですよ。あと、全体
的に色が濃かったり、右下部分の地表のア
ウトラインがハッキリしていたりもします。
中身の盤はいわゆる普通の英初版なんです
が、極々少数出回っているこのジャケット
の正体、これは一体なんなのでしょう？

　その答えは、とある本にあります。この
アートワークを手掛けたのは、ブリティッ

Yes『Fragile』。これが件の「船なしジャケ」。どれだけの数が制作されたかは不明ですが、発見例は数例のみ。

初版発行は 1975 年となるロジャー・ディーンの名著『Views』。

シュ・プログレッシヴ・ロック・サウンドをビジュアライズし、その世界観を決定付けたともいえる巨匠中の巨匠、ロジャー・ディーン。そんな彼の数々の偉大な作品をまとめた『Views』というアートワーク集があります。そして、めくること98ページ、ここにまさに「船なしジャケ」のデザインが掲載されているではありませんか！

彼はこのアートワーク制作には非常に難儀したらしく、メンバーとの意見の食い違いもあったようです。ここからは私のファンタジーも入っちゃいますが、最初はレーベルに元デザインでもある「船なし」を提案、レーベル側も試しに実際のジャケットを少しだけ作成したものの、裏ジャケに描かれた船とのストーリー・テリング的になんだか物足りない気がして、後に船を書き足したのかもしれません。

ちなみに、この「船なしジャケ」、テスト・プレスにですら付いているワケでもなさそうなんで、単なるなんらかの手違いで

Yes『Close to the Edge』の裏ジャケ（Yellow Band）。黄色の帯状のものの上に、ソリッドな黒のテキストが乗っているところがポイント。決して退色なんかではありません。

このジャケに通常盤が入っているのは見たことがありませんが、テスト・プレスだからといって必ずこのジャケットが付属するワケでもありません。

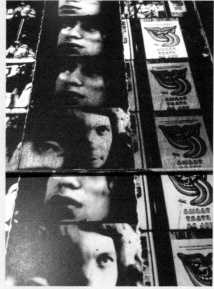

「Shadow Cover」と通常版の比較画像。いずれも上が「Shadow Cover」です。

作られた可能性も大ですが、とにかく今となってはコレクター諸氏が血眼になって探す、「超」が付く人気アイテムであることに間違いはないでしょう。

　ちょっと地味めな違いなんで余談になっちゃいますが、同じロジャー・ディーンが手掛けた Yes の『Close to the Edge（邦題：危機）』にも同じ類の没ジャケットがあります。それは私が個人的に「Yellow Band」と呼んでいるジャケットなんですが、裏ジャケの下のほうに追加で黄色い帯状のデザインが施されているものです。なにぶん私も今まで1枚しか見たことがないんですが、黄色い帯の上に印刷されている黒いテキストとの兼ね合いからも、退色等の経年劣化では決してなく、こんな感じの部分的なエラーというのも製造工程上ありえないと思います。つまり、これも『こわれもの』のようなプロト・タイプのジャケではないかと推測していますが……誰

か情報をお持ちの方はご一報ください！

　これも違いは少ないんですが、The Rolling Stones『Exile on Main St.（邦題：メ

イン・ストリートのならず者)』
の没ジャケ、俗称「Shadow
Cover」です。

　ここで「ん?」となった方は
立派なストーンズ通。普通コレ
クター界隈で「Shadow Cover」
といえば『Aftermath』でしょ
う。表ジャケのタイトル文字部
分に、本来ないはずの影が付い
ていることから人気の没ジャケ
なんですが、実は『ならず者』
にもちょっと変化球の影バージ
ョンがあるんです。では、通常
盤との比較画像を見てみましょ
う。

　分かりますか?　下半分が網がかったよ
うに暗くなっているのが「Shadow Cov-
er」と呼ばれるがゆえんです。ただ、ここ
まで自信満々に言っといてなんですが、こ
れも「Yellow Band」同様、私が個人的に
そう呼んでいるだけです。すいません。

　ちなみに、こちらの中身は英テスト・プ
レス。通常盤で「Shadow Cover」は見た
ことがありませんので、正真正銘のプロト
・タイプではないでしょうか?　まぁ、
ただ暗くなってるだけっちゃだけなんです
けどね……。

お蔵入りはコダワリの証

　なんか大した違いのないものばっかりだな
と思った方、ご安心ください。満を持して
最後にご紹介するのは、これぞ没ジャケッ
トの醍醐味、Nirvana『In Utero』の完全
別バージョンとなるプルーフ・カヴァーで
す。

伝説の Nirvana『In Utero』未発表バージョン。なお、ただ紙
に印刷されたものではなく、フィルムと紙の2層構造と手の込
んだ仕様でした。

　プルーフ・カヴァーというのは、ジャケ
ットの制作過程で校正確認用に使用される
もので、レコードでいうところのテスト・
プレスのようなものです。基本的には通常
のジャケットのように袋状に成形されたも
のではなく、ペラ1の用紙にアートワー
クを印刷したものになります。

　この写真を撮影したのはロック・フォ
トグラファー、アントン・コービン。U2
『The Joshua Tree』のジャケットをはじ
め、長いキャリアの中で数多くの名シーン
を捉えてきた彼ですが、ミュージック・ビ
デオの監督としても一流で、Nirvana で
は「Heart-Shaped Box」のMVも彼が手
掛けています。

　プルーフに使用された写真は結局採用さ
れませんでしたが、注目したいのは下部に
テキストとレーベル・ロゴが入っているこ
とです。この入り方から察するに、おそら
くこのアートワークはジャケットの裏面と
して予定されていたのでしょう。

1968年にCountry Joe and The Fishのために制作された、未発表アートワークの原画。手掛けたのは英サイケデリック・アート界の頂点、Hapshash and the Coloured Coat。

The Mama's and The Papa's『If You Can Believe Your Eyes and Ears』。この部分が当時のコンプラに引っ掛かって、無理やり「INCLUDES CALIFORNIA DREAMIN'」とシングル曲名を差し込むという修正の憂き目に……。

Nirvanaのアートワークは、カート・コバーンのイメージを具現化することこそが至上命題。この写真がプルーフ・カヴァーで終わってしまったのもカートの意向かもしれませんが、彼がこの世を去り、アルバム・リリースから経つこと20年。2013年に20周年記念盤としてリリースされたレコードに、晴れてアントン氏の写真が採用されました。プルーフ・カヴァーのものとはまた別カットの写真ではありますが、同じフォト・セッションで撮影した写真が20年後に裏ジャケに採用されたというところが、因果というかなんかしらの意図を感じませんか？

とにかく、あーだこーだ言いましたが、長年秘匿されてきたこのお蔵入りアートワーク、あまりにカッコイイので一人でも多くの方に見て欲しい、そんなシンプルな気持ちでお披露目させていただきました。どうですか？　こっちでも良かったんじゃないですか!?

やっぱりジャケットって大事だと思いませんか？　それこそ全くデザインが違ってしまえば、音楽そのものへの評価もガラリと変わってしまうもの。もしあのVUのバナナがリンゴだったら、ロック史は変わっていたのかもしれません。

裏を返せばアーティスト自身も細かい部分までコダワリを持ってレコードを作っているということです。そんな偉人たちが遺したコダワリの結晶、心して堪能しようではありませんか！

9

シュリンクの奥に潜む危うさとは？

近年で最も大きかった出来事は、やはり突然襲ってきたコロナ禍でしょう。2020年に入ってすぐの頃は、まだギリギリ海外にレコードの買付に行けていたんですが、その後すぐに全く想像していなかった未曾有の事態に突入。現在進行形でレコード業界にも大きな影響を与えています。

本来であれば、オリンピック需要で海外のコレクターが大挙して押し寄せて、日本の世界一のレコードの充実ぶり、そして日本ならではの「美品」のそろいっぷりを見せつけられると、ワクワクしていたんですけどね……残念です。

Kim Fowley『Love Is Alive And Well』。個人的に最高に好きなシュリンク・ステッカー。

ところで、今サラッと使った「美品」という言葉ですが、数十年の時を経てもなお、美しい状態が保たれたレコードを表現する時に使われることがあります。別に言葉自体は普通なんでなんとも思わないかもしれませんが、これってずいぶんと曖昧な表現で、人によってその基準は千差万別なんです。

そして、この表現自体も、やれ極上だの極美だの、まぁ人それぞれいろいろな使い方をするんですが、突き詰めていくと、結局はその人の主観に過ぎないワケです。ただ、そんな中にも、これがあると自他共に「美品」と認めざるを得ない、そんな印籠的存在があるんです。そう、それがいわば美品行きの直行便、「シュリンク」です。

ということで、この項は美品の証明となりうるシュリンクの話。「シュリンクって何ソレ？」という方にも、その素晴らしき魅力と、その奥に潜む危うさについてお話しいたしましょう。

では、まず「シュリンク」とは何なのか？ 正式名称は「シュリンクラップ（英：Shrink Wrap、Shrink-Wrap）」。ここ日本では、シュリンクと省略して呼ぶのが一般的です。簡単に言うと、熱を加えればギュッと圧縮されるビニールのことで、そんなビニールで封されているレコードって見

たことありませんか？　ちょっとややこしいんですが、いわゆる外ビニール（塩ビ）やセロパックと呼ばれるような後付けのビニールではなくて、製造段階で新品として封をするために使われたペラペラのビニール、それがシュリンクです。

　そのシュリンクで封をされたまま開けられたことのない、いわば未開封品のことを「シールド（Sealed）」と呼んでいます。そして、開封はされているけど、シュリンクがまだ残っているものを「シュリンク付」みたいな感じで呼び分けています。

　そもそもこの新品のレコードをシールドするという文化、現在ではごくごく一般的なものですが、1960〜70年代当時はちょっと特殊なものでした。というのも、イギリスをはじめとしたヨーロッパや、ここ日本を例に挙げるまでもなく、世界広しといえどもほぼアメリカだけが採用していた方式なんです。生産段階からシュリンクで包み込むことによって、新品か中古かを簡単に判別できますし、レコ屋がわざわざ外ビニールに入れなくても、店頭に陳列したレコードはダメージから守られるという寸法です。

　まぁ、その数十年後にある意味さまざまな禍根を残すことになったワケですが、確かに合理的なスタイルだったのかもしれません。だって、現に今となっては、世界各国シュリンク・スタイルが基本ですしね。ただ、現在の多くの店は、シュリンクの上に１枚ビニールをかけますけど。

　また、他の国はレコードにシュリンクこそかけませんでしたが、ヨーロッパ圏はジャケにラミネートコートを施して強度を出

してみたり、ブラジルはシュリンクとは異なる厚手のビニールをジャケに巻いてみたりと、世界各国で独自進化を遂げていったのです。

　そんなアメリカが生んだシュリンク・カルチャーですが、今現在を生きるコレクターたちからは、シュリンクはアイドルさながらに大きな人気を集めています（言い過ぎ？）。言ってしまえばただのペラペラのビニールが、なぜこんなにももてはやされるのか、その魅力を紐解いていきましょう。

　冒頭でも述べた通りですが、まずはなんといっても、シュリンクが状態を担保するものになりうるということです。たとえば1971年リリースのレコードで、シュリンク付で現存しているものがあったとします。となると、そのレコードは50年以上に渡ってシュリンクで守られてきたワケです。

　レコードって人から人へとサイクルしていくもの。そのレコードも50年の間に、複数人のオーナーの間を渡り歩いてきたのかもしれません。そして、いろいろな人に触れられる中で、どうしても大なり小なりのダメージは避けられないものですが、シュリンクがあるということは少なくともジャケットは守られ続けてきたワケです。

　シュリンクなんて本当にペラペラなんで、何人目かのオーナーがビリビリッと破り捨ててしまってもおかしくない、というよりはそれが普通なんです。それでもシュリンクが残っているということは、それだけ大事に扱われてきたとも推測できるワケです。これこそがシュリンク付は美品、そういったパブリックイメージがついたゆえんでしょう。

次に魅力として挙げられるのが「シュリンク・ステッカー」の存在です。シュリンク・ステッカーとは読んで字のごとく、シュリンクの上に貼ってあるステッカーのことを指します。裏を返すと、シュリンクの上にしか貼っていない、つまりはシュリンクを引っぺがしてしまえば、失われてしまうステッカーということです。剥がしてジャケに貼り直す人もいますけど。

　そんな希少性と共に、ジャケを彩る1つのデザインとして、米盤コレクターにとっては非常に重要なコレクト対象として珍重されています。では、その一例をご覧いた

これがハイプ・ステッカー。なんだか雰囲気たっぷりでクールです。

David Crosby『If I Could Only Remember My Name』。まさにコレクター泣かせ、タイトル・ステッカーありのシュリンク付ゲートフォールド。

だきましょう。

　まずはシュリンク・ステッカーの中でも最も多く、定番ともいえるのが「ハイプ・ステッカー」です。「ハイプ」とは広告とか宣伝みたいな意味合いですが、写真を見てもらえば分かるように、先行リリースされヒットした、シングル曲の名前を入れるのが定番です。うーん、リアルタイム感たっぷり。

　もう1つはもはや付属品と呼んでしまったほうがしっくりくる、「タイトル・ステッカー」です。シュリンクの上に、アーティスト名/タイトルやトラック・リスト等が記載されたステッカーが貼ってあるタイプで、元のアートワーク自体になんら記載がない作品に多く採用されます。

　ロック界隈ではディノ・ヴァレンティの1968年ソロ・アルバムなんかが有名どころかもしれません。ジャケの表面には特に何ら記載がないため、透明ステッカーにオレンジ色で「dino valente」とアーティスト名を追加しているんですが、「デザイン的にもハナからそれでも良かったんじゃない？」というぐらいハマっています。

　そんな魅力溢れるシュリンクですが、その入手難易度はタイトルによって異なります。というのも、そのジャケットの仕様によって大きく異なってくるので、大まかに分けてご説明しましょう。

【ジャケット別シュリンク付入手難易度】
ギミック・スリーヴ ＞ ゲートフォールド・スリーヴ ＞＞＞ シングル・スリーヴ

　ギミック・スリーヴというのは、Led Zeppelin『III』とか、Alice Cooper『School's Out』みたいな、いろいろな仕掛けが施された特殊ジャケのことです。

　ゲートフォールド・スリーヴは見開きジャケのことで、シングルでさえシュリンク付は入手難なのですが、ギミックとゲートフォールドは極端に現存数が少ないんです。

　では、なぜジャケの仕様によって、シュリンク付の入手難度が異なるのでしょうか？　それは結構シンプルな理由なんですが、ギミックやゲートフォールドの場合は、シュリンクを外さないと楽しめないからなんです。ゲートフォールドは開いて内面のデザインや歌詞なんかを見たいし、ギミックは回したり組み立てたりといろいろ遊びたいんです。そんな感じで、もちろんどちらもシュリンクを外すのが前提のデザインのため、当時買った人は当然シュリンクを外して楽しむでしょう。だからこそ、シュリンク付が残らないのです。

　ということで、当時からコレクター気質たっぷりな、数少ない御仁たちが遺してくれたシュリンクは、現代のコレクターたちの蒐集欲をこれでもかと刺激し、年々その価値はうなぎ上りしているのです。

「偽物」、「偏愛」には注意

　やっぱりというか、そんなプライス・アップが起こった最中に湧いて出てくるのが……そう、良くない輩たちです。彼らは当時のオリジナル盤に新たにもう一度シュリンクをかけてしまう、「リシュリンク」と呼ばれる手法を駆使し、高値で売りさばこうとするのです。

　ただ、これはポイントを押さえた上で慎重に実物を見れば、どなたでも比較的簡単に判別できると思います。ポイントとなるのはシュリンクの内側、つまりジャケットの状態です。

　擦れや痛みがジャケ「だけに」ある場合はリシュリンクと思って良いです。たとえば、ジャケにはリングウェアがあるのに、シュリンクはほぼ無傷とか、ジャケにプライス・ステッカー跡があるのに、その上にシュリンクがかかっている（普通はシュリンクの上に貼られるはず）とか、とにかくジャケとシュリンクの状態に齟齬がないかどうかを確認するのです。他にもシュリンクの素材や空気穴の有無でも確認できますが、この状態の判別だけでほぼ防げると思います。

　ただ、懸念される点もあります。リシュリンクでもまだ開封されていない「リシールド」状態のものは少し判別がしにくいかもしれません。注意深く実物を見れば大丈夫ですけどね。

　また、当時のリシュリンクというのもあ

シュリンク・ステッカー付、それはリシュリンクではないことの証。

ります。どういうことかというと、たとえば1970年にリリースされた作品が、その翌年とかに中古としてレコ屋に流れてきた時に、店側がもう一度シュリンクをかけ直すというパターンです。決して多くはないのでそれほど気にすることもないですが、これの見極めには慣れが必要だと思います。

結構パターンとして多いのは、ドリルホールの穴がシュリンクだけ開いていないというものですが、これはあくまで1つの参考パターンだと思ってください。

最も注意すべきは、ネットで通信販売をする時です。さっきから何度も言っているように、

これには付いていませんが、英盤のシュリンクには英国旗のマークがダダッと印刷されているものもあります。

実物を見れば分かることも、写真越しだと分からないことが多すぎるのです。とにかく良くない輩のやることは、不自然さがつきまとうもの。なんだか相場よりちょうど良い塩梅で安めだったりと、コレクター心の隙間を狙いすましてくるのです。まだこの手のレコード犯罪は件数が少なめですが、十分にお気をつけくださいね!

最後に、米盤以外でもシュリンクがかかっているケースをご紹介しましょう。俗称「エクスポート・シュリンク」と呼ばれるものになりますが、他国(大半はイギリス)で生産されたレコードがアメリカに輸出され、アメリカ国内で新品として別途シュリンクが施されたものになります。

前述のように、米盤でさえ現存数の少ないシュリンク付ですが、エクスポート・シュリンクともなるとかなりのレア度を誇ります。シュリンクの内側に隠れたピッカビカのコーティング・スリーヴなんて、思わず興奮しちゃいますよ!

あと、シュリンクへの偏愛にも注意が必要です。最新リリースの作品を買っても、結局シュリンクを外せなくてゲートフォールド内側は全く見たことないというぐらいであれば普通(?)なんですが、安盤でもレア盤でもとにかくシュリンクがないと買いたくないとか、カビカビでドロドロのシュリンク、俗称「汚シュリンク」でもやっぱりシュリンク付を買っちゃうというのは、なかなかの重症ですよ!お気をつけを!

10

サブスク愛用者に送る独自ジャケのあれこれ

ビジュアルって大事。何を急にそんなことを言い出すのかというと、ビジュアルがサウンドに及ぼす影響って、思っているよりも遥かに大きいと改めて思ったんです。

料理とかだってそうだと思いますが、いつも食べている白米が急に青色に変わっていたら、たとえ味が同じだとしても全然違う印象を受けると思います。ちょっと大ゲサかもしれませんが、あの名盤もこの名盤も、ジャケが違えば名盤にならなかったかもしれないんです。

ただ、昨今のサブスク全盛期においては、アルバムのアートワークの重要性は薄れてきているのかもしれません。それは別に良し悪しということではなくて、また違った表現方法へとシフトしたといって良いでしょう。

しかし、さかのぼること1960年代後半から70年代。アートワークを専門的に手掛けるアーティストが台頭し、アートワークが音楽作品を彩る欠かせないピースとして、非常に高い重要性を持っていた時代がありました。その間、実に多くのアーティストが生まれていったのですが、そんな中でも特に著名な方々を代表作と共に挙げてみましょう。

これは別ジャケというよりも独自ジャケですが、Soft Machine のデビュー・シングルはオランダでのみピクチャー・スリーヴが存在します。

ヒプノシス (Pink Floyd)、ロジャー・ディーン (Yes)、キーフ (Vertigo)、アンディ・ウォーホル (The Velvet Underground)、リック・グリフィン (Grateful Dead)、ジョン・コッシュ (The Beatles『Abbey Road』)等々、挙げ出せばキリがありませんが、あれから数十年経た今だからこそ、そのサウンドとアートワークとが、密な関係性にあることがお分かりいただけるかと思います。だって、ちょっとでもあの音が鳴れば、すぐにあのジャケを連想しちゃうでしょ？

ということで、この項ではこの人がこのジャケを作って云々、みたいなのは他

『The Soft Machine』（米 1st プレス /1968）のジャケット。

これが取り出し口付近の回転部。まぁ、正直ギアを直接回したほうが早いですけど。

ギアが回れば、そこには秘密の写真が……。

で散々紹介されていると思いますので、もうちょっと角度を変えて、マニア度高めな「別ジャケ」の魅力に迫ります。ジャケ写多めでお送りいたしますので、文字を読むのが面倒という方は、さらっと写真だけでも見てやってください。

今しがた「別ジャケ」なんて軽く言いましたが、まずは用語説明からさせていただきましょう。これは「別ジャケット」の略語で、英語では「Different Sleeve」とか「Different Cover」というように呼ばれています。

今ではなかなかないことだと思いますが、当時はリリースされる国によって、大なり小なりジャケットのデザインを変えることがあり、そしてそれは決して珍しいことではありませんでした。テキストが現地語になっているぐらいの軽いものから、異なるアートワークを使っているもの、果ては間違って全く関係のないアーティストを載せちゃったものまで、本当にいろいろなバリエーションが生まれています。

そんなこともあって、「英別ジャケ（イギリス別ジャケット）」なんていう感じで、前に国名を付けて分けて呼んだりもします。ちなみに、ほぼ同義語で「独自ジャケ」なんていう呼び方もあります。

では、早速その具体例を挙げていこうと思いますが、今回はこのバンドにクローズアップしてみましょう。そう、カンタベリーの源流にして頂点、Soft Machine です。

彼らは多くのアルバムを残しています

が、1stアルバム『The Soft Machine』と2ndアルバム『Volume Two』以外の作品では、ほとんど別ジャケを残していません。強いて言えば、3rdアルバム『Third』の日本盤と、7thアルバム『Seven』のUS盤の別ジャケは有名ですが、その程度です。

ここでは初期2作品に絞ってご紹介していきましょう。すでにお察しかもしれませんが、彼らの作品は途中までタイトルが数字だけという分かりやすさなので、以降では基本的にアルバム名を省略させていただきます。

1968年にリリースされた彼らのデビュー・アルバムにして、それ以降で世界中にその種が伝播していくこととなる、カンタベリー・シーンの記念碑名作『The Soft Machine』から見ていきましょう。なんといってもギア（歯車）のギミックが効いたデザインが秀逸な、米初版を挙げなければ始まりません。これがいわゆるオリジナル・デザインにあたります。右の取り出し口付近の回転部を回すと、内側に仕込まれたギア部分が回るという仕組みになっています。ね、面白いでしょ？

プレスが変わればジャケも変わる！?

ムチャクチャ細かい話なんですが、そんな米盤にもバリエーションがあります。ジャケ表面にギアのギミック、ジャケ裏面の女性がヌードになっているものが1stプレス。ギミックはそのままに、女性に水着を着せたように修正を入れたものが2ndプレス。そして、今度は水着修正はそのままに、ギミックもメンバー写真もぽっかりなくなって、寂しい感じになってしまったの

が3rdプレスとなっています。国1つでもバリエーションたっぷり。

なお、Soft Machineはイギリス出身の

裏ジャケット。これが水着修正のない1stプレス。

『Volumes One & Two』（UKプレス / 2LP / 1973）。ギアがないだけじゃなくて、女性には水着の、そしてワイアットにも修正が入ってます（笑）。裏ジャケには2ndを流用。

『The Soft Machine』(USプレス /2LP / 1973)。
2LP仕様の編集盤は同年にアメリカでもリリースされています。

『The Soft Machine』(蘭クラブ・イシュー/1969)。
1stと2ndを1枚にまとめた編集盤。修正なしの表ジャケがあらわになっています。

『The Soft Machine』(独1stプレス /1970)。これも1枚にまとめた編集盤ですが、選曲が異なります。

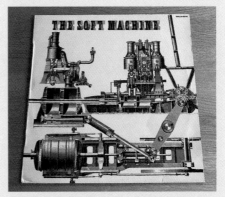

『The Soft Machine』(仏1stプレス /1968)。1stと同内容ですが、最高の別ジャケ。

『The Soft Machine』(蘭クラブ・イシュー /1968)。
1stの別ジャケ。

『We Did It Again』(ベネルクス共通再発盤 /1976)。
こちらはタイトルこそ違えど、収録曲は1stと同じ。

バンドですが、このデビュー作は、アメリカでジミ・ヘンドリックスとのジョイント・ツアーの最中に録音されたということもあり、1968年当時はイギリスでのリリースがありませんでした。その代わりといってはなんですが、イギリスではかなり遅れること1973年、2ndアルバムとカップリングした2枚組仕様の『Volumes One & Two』としてリリースされており、それがイギリスでの1stアルバムの初出となりました。ここではすでにギアのギミックはなくなり、写真だけのさっぱりとしたデザインとなっています。ちなみに、裏面は2ndアルバムのアートワークを流用しています。

そんなこんなで、各国からもリリースされたのですが、英盤同様、1stと2ndを組み合わせた編集盤としてのリリースがメインとなっています。ただ、そんな中でも、1968年当時に内容は1stそのままで、装い新たに別ジャケ仕様でリリースした国が、フランスとオランダです。米盤とは全くアプローチが異なりますが、その秀逸なデザインからも高い人気を集めています。特にフランス盤は、Soft Machineの全ての別ジャケの中でも、代表作となるような1枚でしょう。クール！

ちなみに、1年遅れの1969年には、ここ日本からも別ジャケでリリースされています。白ベースのジャケ前面には、裏ジャケの女性があしらわれ、さらに赤い帯も相まってなかなかに男前なデザインなんですが……画像の掲載はありません。いや、ただ単純に私が持っていなかっただけなんですが。すいません！

ちなみに、ちょっと横道にそれますが、巷で彼らの代表作ないし最高傑作と呼ばれているのは、3rdアルバムだと思います。確かに名曲「Moon in June」も収録した名盤には違いないんですが、個人的には2ndアルバムが1枚の作品としての完成度が最も高く、他に類を見ない唯一無二の作品ではないかと思っています。ただ、ジャケのデザインは微妙なんですけどね……失礼！

最後になりますが、1969年にリリースされた2ndアルバムの各国盤別ジャケを

Soft Machineの2nd『Volume Two』（英1stプレス/1969）。

こちらも同じく『Volume Two』（米1stプレス/1969）。

独自ジャケの『Volume Two』（仏1stプレス/1969）。

こちらも独自ジャケの『Volume Two』（蘭プレス/1977）。

ご紹介しましょう。本作はイギリス録音なので、1stとは違って普通に英国盤がリリースされています。別ジャケもそんなにたくさん種類があるワケじゃないんですが、ちょいレアなオランダ盤は「そう来たか」感がたっぷりで良いですね！

　流れる音から連想するジャケット、目に入るジャケットから連想する音。この項を読んでいただければ、当時は育った国によって、全く異なるものだったということがお分かりいただけたかと思います。なんなら国によっては、別ジャケの影響で作品そのものの評価自体が異なっていたのかもし

れません。ただ、今現在の私たちは、それら全てを俯瞰して楽しめる、そんな時代を生きています。

　自分がこよなく愛するあの1枚を聴く時に、やっぱりアーティストの意向が詰まったオリジナル・アートワークで、正面からガップリ四つで向き合うも良し、逆に別ジャケを手にして、今までとは違うフィーリングを感じようとするも良し。そう、レコードの楽しみ方って無限大。あなたなりのスタイルで楽しんでいただければなによりです。ぜひ！

小よく大を制す7インチシングル

　柔道や空手なんかの武道で「小よく大を制す」という言葉があup ますが、それはまるで7インチシングルのために生まれた至言ではないかと思う今日この頃。コンパクトで愛らしく、でもLPよりも速く回るシングルは、小さいのに実にパワフルで、友達をサウンドでビビらすにはうってつけのフォーマットなのです。

　LPと同じレコードとはいえ、また異なる世界観を持ったシングルは、（どちらかというとですが）モノとしてよりも、音楽そのものにより重きが置かれている節があります。コンディションしかり、付属品の有無しかり、マトリクス云々といったコダワリ要素しかり、LPほど微細な違いにセンシティブにはならず、ただシンプルに出音さえ良ければOK、そんなシンプルかつワイルドなフィーリングすら漂っています。

　そのため、骨董品のように大事に大事に扱うというよりも、ポンポンと気軽に扱うのが似合いますし、ビリビリと身体を震わせていななくポータブル・プレーヤーで聴くのが、なんだかぴったりハマ

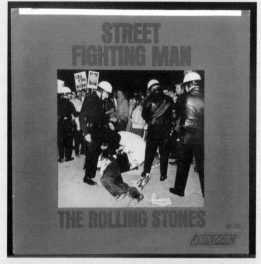

ロック界が誇るPSのトップ・レアリティー、The Rolling Stones「Street Fighting Man／No Expectations」の通称「Riot（暴動）」カヴァー。

アメリカでのプロモーション用でのみ製作された、Genesis の PS 付 3 曲入り EP。レア度は高いです。

ったりもします。

　ただ、そんなシングルを「コレクションする」という観点から見た場合も、シングルならではの世界観が広がっているものです。アルバム収録曲と同じ曲であっても、シングルでは違うミックスが採用されていたり、インパクト重視の音作りでLPより

も音圧が盛り盛りだったり、そもそもガレージやフリークビートなんかは、シングルしかリリースしていないバンドだらけだったりと、挙げ出せばキリがないですが、LPとはまた異なる魅力に溢れていることは確かです。とにかく、シングルを気軽に楽しむにしても、ディープにコレクトするにしても、その魅力を存分に味わうには、シングルにはシングルなりの楽しみ方があるということを理解すべきなのです。

　ということで、ここではそんな愛すべきシングルを味わい尽くすためにも、分かりづらい専門用語の解説とその魅力について語らせていただこうと思います。LP には使われないシングル専門用語って多いもので、そのあたりの予備知識があるかないかで、楽しみ方が変わってきたりするものなのです。

　一通り知識を詰め込んでしまえば、あとは深いことを考えずに爆音に身を委ねるだけ。シングルの合言葉はただ1つ、ボリュームは目いっぱいフルテンで……プレイ・ラウド！

　では、早速ですが、シングル専門用語をピックアップして解説してまいりましょう。とはいえ、ちょっとググれば分かることは他にお任せするとして、もう一歩二歩踏み込んだ専門用語の解説と、コレクター心をくすぐるような魅力のヒケツをお伝えしていこうと思います。

■ピクチャー・スリーヴ（Picture Sleeve

／略語：PS）

実はシングルって日本での人気は今ひとつ。というのも、モノ的側面を愛する人が多い傾向ということもあって、ジャケットがないことがネックになっているのかもしれません。

PSが付属したシングルは高い人気を持つものですが、やはりその有無でプライスが大きく変わってきます。一部の英米盤では同じオリジナル盤でも、PSが付いているものと付いていないものとが存在することもあり、The BeatlesやThe Beach Boys等、みんなが欲しい多くの大御所アーティストのシングルには、このパターンのものが多数存在しています。

また、英米アーティストは自国盤にPSが存在しなくても、ドイツやフランス等の他国ではPSが存在するパターンも多いです。そのため「全く同じ曲だけど、好き過ぎて各国PS違いで20種コンプリートしました」なんていうコレクションの仕方もあるワケです……キリがないですね！

ただ、中にはPSが付いた途端に、凶悪なレアリティーに変貌するものもあります。そして、そんな1枚が各国PSコレクターの高い壁となって、栄誉あるコンプリートを阻んでくるのです。ここではそんな世界届指の鬼レアPSの実物写真も掲載しておきますので、みなさんの目の保養になれば幸いです。

■ カンパニー・スリーヴ（Company Sleeve ／略語：CS）

そんな個性溢れるPSとは異なり、レーベルが制作した共通デザインを用いたスリーヴがCSです。中古市場に同型が多く出回っているものは、いつでも替えが利いたりするものですが、だからこそ雑な扱いを受けているものでもあります。特に海外のレコ屋なんかでは、シングルはビニール等に入れられず、裸で並んでいることが多いもの。そのため、いざきれいなCSを探そうとすると、これまた骨が折れるものなのです。

ParlophoneやCapitol等の大メジャーであれば、まだちょっと頑張れば見つかるかもしれませんが、そもそも数が少ないプログレ系マイナー・レーベルのCSとか、

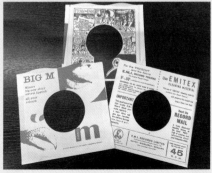

Parlophoneの各種リプロCS裏表。結構良くできてるでしょ？

Rolling Stones Records のベロ型CSみたいな、ちょっと変形で傷みやすい造りのものなんかは、PSではなくCSであるがゆえに、かえって美品探しは困難を極めるのです。

　世の中にはいろいろな（闇の）ビジネスを考える人がいるもので、そんなニーズに応えてか、「リプロCS」なるものも存在しています。海外のレコード・フェアでは専門店が出店されていたりもして、各レーベルのリプロCSがタイプごとに仕切られてズラーっと並んでいます。まぁ、ただの贋作なので決して褒められたものではありませんが、手持ちのCSなしシングルを補っ

■ EMI (Solid Center)

■ EMI (Pushout Center)

■ Decca (Pushout Center)

■ Polydor (Pushout Center)

てあげるには、正直助かることもあったりします。

　ただ、そうやってリプロCSで補われたオリジナル盤が中古市場にも出回っているもので、気になる方は注意して見ておいたほうが良いかとは思います。リプロCSの再現度は結構高いので、パッと見は見極めがつかないこともあるかもしれませんが、よくよく見れば紙質や経年の程度から判断は容易です。とにかく、まずは大概のものはリプロCSが存在する、その事実を認識しておくことが肝要です。

ラベルの形状もチェックしよう！

■ソリッド・センター（Solid Center）
■プッシュアウト・センター（Pushout Center）

　これらは基本的に英盤を対象とした話になりますが、この2つはラベル中央、センター部分の形状を指しています。そして、コレクター的視点で見てみると、その形状の違いによって、プレス工場やそのレアリティーが異なってきたりするのです。
　まずはそもそもですが、プッシュアウトはなぜあのような形をしているのでしょうか？　センター部分をパキッと折れば穴が大きくなり、日本でいうところのドーナツ盤のような見た目になります。今ではそんな心傷む所業をする方もそうはいないと思いますが、当時は大きいセンターにしないと入らなかった、ジュークボックスに対応するための気の利いた造りではありました。
　そんなセンターとの接合部分は「足

（Prong）」と呼ばれていますが、この足の本数も結構大事だったりします。DeccaやEMI等、多くのレーベルは4本足となっていますが、Phillipsは3本足となっているのが特徴です。また、同じ4本足でもセンター部分の形状も違ったりするもので、段になっている中央部分がEMIよりキュッと小さいものがDeccaです。このあたりは実物を見たほうが早いんで、掲載画像を見て確認しておいてください。
　常にこんな細かいことを気にしているワケではないんですが、こういった要素でプライスが変わってくるアーティストがいるんですよ……そうお察しの通り、The Beatlesです。もう研究され倒されて、そのコダワリは複雑怪奇の極致に達しているのです……The Beatlesコレクターは覚えることがいっぱいですね！

■セレーテッド・リッジ（Serrated Ridge）

　これは結構な上級者でも聞き慣れない用

ラベルを囲むキザキザがセレーテッド・リッジ。

Pink Floyd「三種の神器」のうちの2枚。どっちも目ん玉が飛び出すプライスです。

語かもしれませんが、ラベル面の縁が鋸歯状にギザギザとなっているもののことを指しています。

　そう言われれば多くの人が「あーあれね」となる慣れ親しんだものではありますが、呼び名があまり一般的ではありません。また、その役割もあまり知られていないもので、今やそのギザギザの存在意義自体はないものの、かつてはオートチェンジャーでのスリップ防止みたいな機能を果たしていたのです。

プロモ盤の「詐欺」にご注意を！

■デモ・オンリーPS（Demo only PS）

　英米に限らず、新曲をプロモーションしてもらうためにラジオ局等に配布する盤、俗にプロモ盤と呼ばれるものが存在します。アメリカや日本でのプロモ盤は、ラベル面が通常盤とは異なる白色に仕立てられているものが多く、それらは単にプロモ盤というだけではなく、「プロモ白」とか「白ラベル」なんていうふうに区別して呼ばれたりもしています。

　また、イギリスのプロモ盤は少し趣が異なり、ラベル面に「DEMONSTRATION RECORD - NOT FOR SALE」というようなテキストと、デカデカと「A」のマークが印字されているパターンが多く存在しています。これらのプロモ盤は「デモA」とか「Aマークデモ」、ないし単に「デモ」と呼ばれていますが、これも文字面だけでそのラベル・デザインを認識するための専門用語です。

そんなデモ盤のごく一部には、通常盤には付属しないPSが存在しているケースがあります。これは俗に「デモ・オンリーPS」という感じで呼ばれていますが、お察しの通り、かなりの人気とプライスを誇っているのです。

その代表格ともいえるのが、Pink Floydの初期シングル「Arnold Layne」、「See Emily Play」、「Apples and Oranges」の3枚です。いずれも圧巻のレアリティーを誇りますが、一番人気は最高のアートワークが光る「See Emily Play」、そして最難関が「Apples and Oranges」となっています。この3枚をすべて手にしたコレクターは、ブリティッシュ・シングル界最大の栄誉を手中に収めたこととなるでしょう……。

■プロモ・オンリー・モノ（Promo only Mono）

1970～80年代のステレオ全盛時代に制作された米プロモ盤の中には、両面に同じ曲が収録されているものがあります。ただ、これは全く同じというワケではなく、片面がモノラル、片面がステレオという仕様になっているのです。この仕様のものはフルで呼ぶと「Promo Only Mono /Stereo」となりますが、ここ日本では縮めて「プロモ・モノステ」みたいに呼ぶ人も多いようです。

この今では存在しない特殊な仕様は、当時ラジオ局でプレイされることを前提としたもので、1980年代初頭にステレオ放送が生まれるまで、モノラル放送しか存在し

なかったことに由来しています。そして、この仕様がなぜ今になって一部で人気を集めるのかというと、そもそもステレオでのみ制作された音源が、この仕様ではモノラルでも楽しめちゃうということです。

数限りなく多くのタイトルが存在しますが、ロック界では Led Zeppelin「Black Dog」とか、Derek and The Dominos「Layla」とか、通常盤では存在しない大名曲のモノラルが人気を集めています。なお、これと似たようなケースがLPにも存在していて、Led Zeppelin「Houses of The Holy」みたいなタイトルが、プロモでのみアルバム丸ごとモノラルになっていたりもします。シングルとは比にならないぐらいハイ・プライスですけどね。

ただ、忘れてはいけないのは、基本的にそれらのモノラル音源は、ステレオ音源を半ば無理矢理モノラル化したものに過ぎず、丁寧にミックスされたものではないということです。いわば「擬似モノ」というヤツで、どれだけサウンドに期待できるかは甚だ疑問ではあります。

とはいえ、マニアたるものどんなサウンドで鳴るのかが気になっちゃいますし、サウンドはソコソコにレア度の高いコレクターズ・アイテムとして欲しくなっちゃうものなのです。とはいっても、（私も含めて）他人の言うことなんてどうでも良くて、自分が好きなように楽しむのが一番だと思いますけどね……でしょ？

■ジュークボックスEP（Jukebox EP）

プッシュアウトよろしく、通常流通盤で

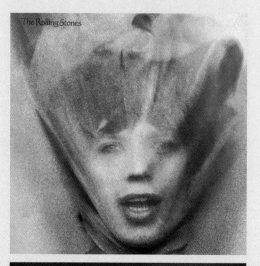

The Rolling Stones の4曲入りジュークボックスEP
「Goat's Head Soup」と専用ストリップ。これが未使用状
態というヤツです。

れには「タイトル・ストリップ（Title Strip）」という切り取り線付きのシートが付属しています。

　ちょっとイメージしてみてください。ジュークボックスの本体上部にズラッと曲目が並んでいて、その横の本体部分にはアルファベットと番号が表示されています。実際に曲をプレイする時には、下部の入力ボタンで任意のアルファベットと番号を押して選ぶワケですが、その曲目部分はアーティスト名と曲名が記載された、小さな紙切れを入れ替えて表示しているのです。なにぶんアナログなものですからね。この小さな紙切れこそがタイトル・ストリップ（ないし単にストリップ）というもので、ジュークボックスEPには欠かせない付属品となっています。

　また、画像を見てもらえれば分かりますが、このストリップは1枚のシートで10枚つづりみたいな形となっています。もちろん本来は切り取って使うものなので、一部ないしすべてが欠けているのが普通なんですが、どこまでもこだわるコレクターな方は、未使用のシートを探す長旅に出るのです……ご苦労さまです！

■ファクトリー・サンプル・ステッカー
（Factory Sample Sticker）

　英盤でプロモを示すものの1つで、「FACTORY SAMPLE - NOT FOR SALE」という

もジュークボックスに入れられる仕様のものがあるのは前述した通りですが、通常盤では全く存在しない、そもそもジュークボックスだけのために作られた珍品EPがあったりもします。アルバム・ジャケットをそのまま小さくしたようなデザインのPSも人気のジュークボックスEPですが、こ

ステッカーが存在しています。そのステッカーを通常盤のラベルにペタッと貼り付けて、プロモ盤の扱いをするという感じです。なお、一般的にはそのまま「ファクトリー・サンプル」と呼ばれていますが、ごく一部では「ファクサン」と略す、めちゃくちゃ俗っぽい人もいます。まぁ、私のことですけど……。

これをただのステッカーと侮ることなかれ、ラベルに貼ってあるというだけで、まるで印籠かのようにコレクター心をくすぐりだすブツなのです。なお、これはシングル専用ではなく、LPにも共通して使われているもので、ジャケットに貼ってあったりもします。そう、CSのように、ある程度汎用性のあるステッカーということです。

ただ、まさにその汎用性こそがミソで、悪知恵だけは回る輩が、ステッカーを移植して価格の釣り上げを企てたりするのです。しかも、それだけに留まらず、ステッカーの贋作をいろいろなレコードに貼って、荒稼ぎしようとするのです……。

この厄介極まりない「ファクサン詐欺」ですが、100％見分けることこそ難しいものの、回避する方法自体は存在します。それは、マザー／スタンパーとの整合性を取るという方法で、「1G／1G」みたいに最初期ではなくとも、プロモであればかなりの早さであるはず、という保険を掛ける方法です。実際のところは、本物のステッカーが貼ってある個体といえども、ある程度マザー／スタンパーが進んでいることは十分にあり得ます。ただ、この保険を掛けておくことによって、少なくともつかまされる可能性をほぼゼロに近づけることが可能と

これはLPですが、ステッカーの一例。貼られている位置はだいたいこの辺りです。

なるのです。

この方法はテスト・プレスの贋作、フェイク・テストでも流用できますので、その都度しっかり確認して、安心安全なプロモ・ライフ（？）をお楽しみください。なお、マザー／スタンパーの詳細に関しては別項で語っていますので、そちらもあわせてご覧ください！

ということで、専門用語にしても10個も解説していないですし、これらですらまだまだ語るべきことがある気もします。それだけシングルの世界って広く奥深いもので、その魅力の数は無限大。掘れば掘るほど深みにハマって、ハッと気づいた頃には膨大な数のシングルに囲まれるなんていうことに……。

「でも、シングルってLPの3分の1ぐらいのサイズだし、大丈夫だよね？」という謎のエクスキューズと共に、今日もまたシングルを買いにレコ屋に向かうのです！

12

天国への階段にして地獄への扉 〜「マトリクス」

レコードの世界って、知れば知るほど楽しさが広がるものなのですが、一度知ってしまったが最後、気になって気になって普通のレコード・ライフ（？）が送れなくなる人も出てくる始末。それってそれだけの魅力があるということの裏返しなのですが、そういう人に限って「なんなら知らないほうが良かった」なんていう捨て台詞を吐いたりするんです。ただ、その口元には、薄っすら笑みが溢れている

プロモでのみ存在する、「MAS」マトリクスがまぶしい Paul and Linda McCartney『RAM』米 Mono 仕様。地獄のレア盤。

んですけど。立派なレコード・ジャンキーってヤツですね！

　ここでは天国への階段にして地獄への扉、「マトリクス」の世界へとご案内しましょう。まだこの世界に足がチャプッとしか浸かっていないそこのアナタ、この記事を読むことは禁断の果実に口づけするようなことなのかもしれません。この先を読んで、戻れなくなる覚悟はできましたか!?　待ち受けるのは、救いのない無間地獄かもしれませんよ!?　さぁ、終わりなき初回探しの世界に飛び込もう！

　まずは大前提となる、「マトリクス」とは何なのかを軽く解説して参りましょう。アーティストによる録音も終わり、一通り

仕上がった音源はカッティング・エンジニアの手に渡り、レコードの元となるラッカー盤が制作されます。

　そして、ラッカーからは何枚かのマザー、マザーからは実際にレコードをプレスする複数枚のスタンパーといった要領で、版がねずみ算式に複製されていくワケです（詳細は別項を参照）。

　本項でのポイントはこのラッカー盤です。カッティング・エンジニアがラッカーを制作する際は、その制作場所からちょっとした隠れメッセージまで、最内周部にさまざまな情報を刻み付けます。

　その中でも最も基本となるのが、レコードの「規格番号（ないし固有の識別番号）」

ドイツの至宝盤、CAN『Monster Movie』の初回マトは「SRS001」のみ。同じMusic Factory盤でも、右の画像と同様にLiberty盤の規格番号が追加された2ndプレスが存在します。憧れのレア盤。

と、それに続きラッカーの制作順を番号または記号で表した「枝番」の組み合わせでできた、「マトリクス（略してマト）」と呼ばれるものになります。

そして、コレクター的には、後年まで長い間変わらない規格番号に対して、カッティング時期等によって適宜変更される枝番のみがチェック・ポイントとなることもあって、特に枝番部分のみをマトリクスと呼ぶのが通例です。

そこに刻まれたものを
読み解いていくと……

マトリクスと一口に言っても千差万別。まずは国、次にレコード会社によって大きくスタイルが異なるものです。

たとえば、米盤で見られる「A」とか「CC」とかの英文字タイプから、「A-28」「F78」等の文字＋数字タイプ、どこまで版を重ねても枝番を変えない旧ソ連Melodiya、そもそも何の表記もしないぜというスタイルのジャマイカ盤みたいなタイプもあります。ここでは（多少）スッキリと分かりやすい、英国盤を例に取ってお話ししま

しょう。

やはり英国といえば、The Beatles。もちろんマトリクスの研究も進んでいます。ここでは『Let It be』をモデルにして解説を進めますが、なんでこのタイトルかは特に理由はありません。ただちょうど手元にあったからです。あしからず。

『Let It Be』は彼ら自身が設立したレーベル、英Apple Recordsからリリースされたのは周知の通りだと思いますが、Appleに移行後もEMIが音源の所有権を持っていたため、Parlophone期と同様にマトリ

解説の例に挙げたThe Beatles『Let It Be』、初回のBOX仕様（PXS1）。

クスの表記方法は若干ですが変化球気味です。

　ちょっと分解して解説していきましょう。掲載した写真をご覧ください。まず「YEX773」の部分ですが、通常多くのレーベルではレコードの規格番号（『Let It Be』であれば「PCS7096」）を記載するものなのですが、Parlophone ないし Apple からリリースされた The Beatles 作品では、規格番号とは異なる識別番号が記載されています。The Rolling Stones でもお馴染み、Decca も同じタイプとなります。

A面は「YEX773-2U」。

そして、B面は「YEX774 - 2U」となっています。

　そして、続く「2U」の部分が枝番ないしマトリクスですが、多くの英国カットのものと同じく、この「2」という数字がラッカーの制作順を表しています。つまりこの盤は「2」番目に制作されたラッカーを用いて、プレスされたレコードということになるワケです。ここまでは分かりやすいですよね？　さぁ、ここからさらに細かい話になりますよ。覚悟はできていますか？

　掲載したB面のマトリクスは「YEX774-2U」となっています。ということで、A面は「2U」、B面も「2U」となっていますので、これを俗に「マト 2/2」と呼んだりします。ただ、ここでちょっと注意が必要です。

　Apple ないし The Beatles の諸作が持つマトリクスは比較的シンプルで、それほど多くのバリエーションは存在しませんが、アーティストによっては1枚の作品でも複数の場所（プレス工場ないしカッティング・スタジオ）でカッティングが行われたものもあります。

　そして、1枚のレコードがどの場所でカッティングされたかの判別は、マトリクスの表記方法を読み解くことによって可能となります。フォントが違ったり、手書きであったり、機械打ちであったり、規格番号と枝番を結ぶ記号が「-」ではなく「//」や「+」となっていたりと、カッティング場所ごとにさまざまなパターンがあるのですが、裏を返せば記号1つが違うだけで、別の場所、ないし別の系統のカッティングであると判

断できるということです。

　ここで一番大事なことは、各々の「場所ごとに」マトが1、2と進んでいくということです。当たり前っちゃー当たり前の話なんですが、その場所ごとに各々の都合で、そして時には異なる時系列でカッティングを進めていくので、他の場所と番号なんてわざわざ合わせたりしません。

長きにわたる研鑽の賜物

　もう少し具体的な話をしましょう。「そのアルバム、マト1/1あるよ」と言われて必死に探したら、別場所でしかも後年にカッティングされた別系統のマトリクスでした、なんていうことはままあります。

　たとえばですが、Genesisの2枚組ライヴ盤『Seconds Out』を例にすると、英初版の初回マトは全面「//3」（テスト・プレスでは全面「//1」があります）だと思いますが、後発盤では「1U/1U/2U/1U」というのが存在します。

　数字だけは後発のほうが若いですが、表記方法が異なるマトリクス、つまり別の場所で改めてカッティングした別系統のマトリクスと分かっていただけると思います。つまり何が言いたいかというと、「マトリクスを数字だけで表現すると誤解を生む」ということです。

　先ほどの『Let It Be』に関しても両面「-2U」となっていますので、マト「2/2」ではなく正確にはマト「2U/2U」と呼びたいところなのです。「2」と「2U」では数字が同じというだけで、全く意味合いが違うのです。

　なお、当時EMIがカッティングを行っ

ていたのは、かの有名なAbbey Roadスタジオでしたが、この「U」は「Abbey Road以外」でカッティングされたということを意味しています。そう、記載されているもの全てには意味があるのです。

　とはいえ、こうして文章にする時はまだしも、実際の会話の中では略されることが多いもの。ただ、『Let It Be』のマトをシンプルに「2/2」と呼んでる人は、そもそも「U」付きしか存在しないという事実を折り込み済みで省略して言っている人と、事情は知らずにただ数字だけを言っている人に分かれるとは思います。

　ちなみに、前記のGenesisのような「//3」タイプのマトは言いにくいこともあって、普通口頭ではシンプルに「3」と言う方が大半ですが、モノホンの方は「スラスラ3」（スラ＝スラッシュの略）、もしくは「Phonodiscの3」とキチンと表現します。これ大事。

　あと、さっきから普通に出していた「初回マト」という用語ですが、これも非常に大事な話ですので軽く触れておきましょう。

　確かに英盤のマトリクスは1、2、3と進んでいくのに間違いないんですが、では全ての盤にマト「1」が存在するかというと、答えはNOです。

　ここが結構勘違いされやすい部分ではあるんですが、この数字はあくまでカッティング・エンジニアによるラッカー盤の制作順を示す番号であって、そのラッカーが実際にプレスに使用されたかどうかとは別問題なのです。

　もうちょっと噛み砕くと、たとえば最初に「1」を付けたラッカー盤が作られたも

のの、音飛びがする等の不具合が発生した場合や、意図するサウンドとは異なる等アーティスト側のNGが出た場合は、「1」は使用されずに再度カッティングが行われ「2」を制作、そんな感じでこれを完全なOKが出るまで繰り返すのです。つまり初回からして「3」とか「5」とかそんなマトも普通にあるもので、わざわざ「初回」という言葉を使って語るのにはワケがあるのです。

　また、「じゃあどれが初回かなんてどうやって分かるの？」という話なんですが、これは今まで長い時を掛けて積み上げてきた、まさにコレクター諸氏の研鑽の賜物なのです。とにかく途方もない枚数のレコードが持つマトが確認され、諸々の状況と照らし合わされた結果、「これが初回だ！」という答えが導き出されてきたのです。感謝感激雨あられ。

　やはりこうして後世に情報を遺していくには、記号等も含めたより正確な情報を記載し、また言葉にしていく必要があるのです。なお、これはあくまで一般市場に出回った通常盤の話。通常盤にはない、つまり没ったマトリクスを持つ「テスト・プレス」、そして全ての母となるラッカーそのものである「アセテート」等、さらに罪深い存在もありますが……これはまた別の項でお話しします。たとえば『Let It Be』はテスト・プレスにのみ、マト「1U/1U」が存在しますしね。うーん、恐ろしい……。

ここはまだ地獄の一丁目なのです

　最後の最後でそもそも論ですが、なんでそんなにマトリクスにこだわるのかって？

これにはいろんな深〜い理由があるもので、マトリクスによって収録内容やミックスが違うとか、単なるレア度の張り合いバトルとかまぁいろいろあるんですが、やっぱり一番の理由として挙げられるのは、アーティスト本人たちがスタジオで聴いていたあのサウンド、つまりマスター・テープに少しでも近づくための手段なのです。

　厳重に保管されるマスター・テープといえども、繰り返しの使用や経年による劣化は免れられないもの。これは人類が護持すべき至宝、The Beatlesのマスターとて例外ではありません。そして、劣化が招く音質の低下を回避するには、制作当時プレスされたレコード、つまりオリジナル盤を買うしか選択肢はありません。これはアナログ時代に制作された音源では絶対的な真理です。

　よく「CDとレコード、どっちのほうが音が良いか」なんていうメディア論争がありますが、少なくとも1960〜70年代の録音物を聴くのであれば、レコード、否、オリジナル盤のレコードのほうにアドバンテージがあることは動かし難い事実。結局はソースの音質が全てなのです。

　さらにそのオリジナル盤の中でも、マトリクスが若ければ若いほど最もフレッシュなマスター・テープに近づくことを可能にし、更なる音質の向上が「期待できる」のです。そう、ここもポイントでもあります。絶対的な音質を保証するワケではなく、あくまで期待値。これは特にマトリクスのさらに奥底にある「マザー」、そして「スタンパー」という悪魔のナンバーに色濃い話ですが……。

とはいえ、ここまではまだ地獄の一丁目。この先に広がるのは、最悪二度と覚めることのない「マトリクス・シンドローム」に罹患したものたちが蠢く修羅の世界です。真のコレクターたるもの、そこからが本番ですのでお覚悟を！

別項でも紹介しますが、一番ヤバイのは「マザー」と「スタンパー」。これを追い始めると立派なマトリクス・シンドローム罹患者です。これはPink Floyd『The Dark Side of The Moon』の英テスト・プレス。伝説のレア盤。

13

やめられないとまらない初回探しの無間地獄

十分ややこしかった前項は、あくまで初心者講習。さらにややこしさマシマシでお送りするこちらこそが本チャンなんです。「どうせそんな違うワケじゃないんだし、そこまでマニアックなことなんて気にしませんよー」「そんな立派なオーディオを持ってるワケじゃないし、違いなんて私には分かりませんよ」

うんうん、なるほどなるほど。気持ちは分かります。ただ、マトリクスだけじゃなくて、テスト・プレスやアセテートにも通

ロック・ファンの憧れ、The Beatles『Please Please Me』の Gold Stereo。元々プレス枚数が極小ですが、1stスタンパーを表す「G」が刻印されています。

ずる話なんですが、どんな試聴環境であっても聴感上あまり違いが分からないものもあれば、別のアルバムかというぐらい激しく違うものもあるんです。

特にこの後者のケース、これこそがキケンな蜜の味。番号1つ違うだけで費やすこと数万、数十万円。何十枚も、何百枚も同じレコをめくり続けて、果てなき初回探し。金銭的にも労力的にも、もはやコストバリューが見合ってるかどうかなんてお構いなし。樹液に群がるカブトムシよろしく、一度その味を知ってしまえばただただ貪り尽くすだけです……。

いや、別にバカにしてるワケじゃありませんよ？　だって、ホントにスゴイ違うん

ですもん。そりゃ抗えというほうが無理あります。これを読みながら「そりゃ言い過ぎでしょ？」なんて言ってるうちが花。そう、そこにあるのはこの味を知ってるか知らないかの差のみです。

ということで、もう頭のてっぺんから爪先の先の先まで、そのキケンな蜜の味「マトリクス・シンドローム」に侵された私が、みんなでハッピーになる合法的トビ方のススメを披露しましょう。さあ、そのラインを一歩踏み越えて、こっち側へウェルカム！

**音質だけではなく、
内容すら違うものも……**

散々聴き倒したあの名盤、果たして本当

の姿をご存知でしょうか？　ありのままの姿、つまり当時レコーディング・スタジオで鳴っていたあのサウンドに近づいた時、「今まで聴いてたヤツと全然違うじゃん!?」と、その作品への評価自体が一変することも少なくありません。その境地への最初のガイド役がマトリクスの存在なんです。

前項でもお話しした通り、マトリクスが若ければ若いほど最もフレッシュなマスター・テープに近づくことを可能にし、より良いサウンドが期待できるという基本原則がありますが、その中でもパッキリと違いの分かるものは市場価格も上がりやすい傾向にあります。

別項でも触れますが、The Beatles を例にすると、『Rubber Soul』の英初版 Mono のマト「1/1」は、通称「ラウド・カット」と呼ばれる音圧高めの迫力ミックスとなっており人気です。

また、『Revolver』の英初版Monoのマト「2/1」も高値安定な１枚です。というのも、最終曲「Tomorrow Never Knows」に誤って通常とは異なるミックスが収録されてしまっているからです。音質というよりも、そもそも内容自体が違うものはやはり人気ですね！

サウンドの違いとはまた別の軸で、シンプルにそのマトリクスの希少度で人気を集めるものもあります。その最たる例は King Crimson『In The Court of The Crimson King（以降、宮殿）』でしょう。『宮殿』はマトリクスのバリエーションも多いのですが、大名盤ということもあって研究も進んでいます。そして、それがゆえに、その

定番人気マト、The Beatles『With The Beatles』英 Monoの「1N/1N」。

こんなパターンもあります。The Beatles『Rubber Soul』の人気マト「1/1」が、ニュージーランド盤にも転用されています。

マトによって極端過ぎるほど価格が上下する、そんな危ないレコードの最右翼でもあります。

では、論より証拠ということで、あくまでポイント部分だけですが、その価格の変遷を見てみましょう。全て英初版、「PINK-i ラベル」です。

(1)「A ▽ 2 B//4」→ 3 万円級
(2)「A ▽ 2 B//2」→ 10 万円級
(3)「A//1 B//1」→ 100 万円級

うーん、これぞ若返りの恐怖。もちろん

いずれも状態によって大きく変動しますが、ここ日本でのプライス感としては大体こんな感じです。

（1）は英初版の中でも最も数が多く、10枚見れば7、8枚はこのマトです。

（2）は（3）があるのに変な話なんですが、（通常の）初回マトと認知されているバージョン。抜群の人気を誇ります。

そして、段違いの希少性を誇る（3）は、ホントの真相はまだ未解明ながら、一般市場に出回らずに埋もれたとされる禁断の1枚。現存数はどんなに多く見積もっても50枚以下、下手すれば10枚台でしょう。この手のイレギュラーな存在や、テスト・プレスにしか存在していないようなマトは、いわゆる一般流通盤のマトとは切り離して語られるのが普通です。ややこしいですけど。

『宮殿』はご覧の通り番号1つの値段、いわば「マト単価」がエグツない1枚ですが、では気になる肝心のサウンドはどうでしょうか？

やはり（1）よりも（2）のほうが優れており、特にマトリクス自体が異なるB面はその傾向が顕著です。ただ、これで話が終われば平和だったのですが、問題は（3）の存在です。

希少性もプライスもブッチ切っているので、さぞスンゴイ音が飛び出してくるんだろうな、と胸を躍らせることでしょうが、これがなんとも微妙な抜けの悪いサウンドなのです……。私はかつて複数枚の（3）を聴いてきましたし、さまざまな方からの情報も総合するに、やはり個体差でもなく動かし難い事実なんだと思います。

これは必ずしもサウンドとプライスが比例しない、マトリクスの希少性そのものがそのプライスを生んだ最たる例ともいえますが、これこそがコレクター心理なのです。たとえ音がイマイチなんていう情報をキャッチしようとも、現存する最も早いマトリクスを自分の耳で確かめたい、そして所有したいというのがコレクターの夢にして性……。

ただ、そもそもサウンドの良し悪し自体が十人十色、そこにあるのはもっと純粋な気持ちではないでしょうか？ アーティストがあの時コントロールルームで聴いていたサウンドに近づきたい、さらにはアーティストに一歩でも近づき、彼らの意思や意図を直接共有したい、という強烈なファン心理の裏返しなのです。やはりその鍵となる「マトリクス」の存在に気付き、そして一度魅入られてしまえば、もう抗うことはでき

ホントいろんなパターンがある『In The Court of The Crimson King』。これはマトが「A//3 B//3」。

ないのです。ただ、一歩踏み込んだその先には、さらなる地獄が大口を開けて待っているとも知らずに……。

そのレコードは
何枚目にプレスされたもの？

　ここまででマトリクスの魔力の一部を感じていただけたかと思いますが、さらにその奥にはもっとエゲツない魔物が潜んでいるんです。

英 Parlophone レーベルでは、マザーをシンプルに数字で表現。

　その魔物の名は「マザー」、そして「スタンパー」。マトリクスがラッカーの製造順、つまりカッティング順を表していることは前述した通りですが、レコードとは実に罪づくりなヤツで、その1枚のラッカーから複製されて作られる「マザー」、そしてマザーを複製して作る「スタンパー」の製造順すらも判別できてしまう「暗号」が刻まれていることもあるんです。

　それでは、ここでクエスチョンです。仮にアナタが10万枚プレスされたアルバムを買ったとします。では、そのレコードは、果たして10万枚中何枚目にプレスされたものでしょうか？

　マスター・テープに近づけば近づくほど、つまりプレスが早ければ早いほど、音質面のアドバンテージがあることはご説明した通りですが、このマザー／スタンパーの暗号を読み解くことによって、マトリクスでの判別以上にさらにマスターに近づくことを可能とするのです。

　では、上記アルバムが2枚のラッカーから5万枚ずつプレスされたものとします。まずマトリクスはどっちのラッカーが使用

されたものか、つまりどっちの5万枚かを判別することを可能にします。

　そして、それぞれのラッカーから4枚ずつのマザーが作られたとすれば、マザーの暗号を読み解くことによってどの12,500枚かが分かり、さらにそれぞれのマザーから5枚ずつのスタンパーが作られたとすると、どの2,500枚かが分かるという塩梅です。つまりこのケースであれば、10万枚の中から最大で1〜2,500番目までにプレスされたものまでは追跡が可能となるワケです。

　ここまでくればお察しかもしれません。ホンキでこだわり出してしまえば、数種存在するマトの中から初回探しをするだけでも大変なのですが、さらにねずみ算式に膨れ上がって数十〜数百種存在するマザー／スタンパーの中からも、血眼になって初回探しをすることになるのです。

　しかもその多くは暗号化されており、考古学者ライクな読解力も必要ときますので、一筋縄ではいくはずもないのです。ね？地獄でしょ？

マトリクス以上に体感し難いマザー / スタンパーの音質差ですが、確かな違いがあることもまた事実。決してオカルトなんかじゃなく、アナログ時代ならではの科学的根拠に基づいています。

ただ、何度も言いますが、どんなに早くプレスされたレコードといえども、あくまでも良音への期待値が上がるということに過ぎません。個体差もあれば、一番肝心なコンディションとの兼ね合いもあります。

さらにさっきの例でいうと、1st スタンパーでプレスされたレコードであれば初めの 2,500 枚の内の 1 枚かもしれませんが、それ以上の詳細までは分かりません。当然スタンパーも複数回のプレスにより、凸部のエッジが僅かになまってくることからも、（めちゃくちゃ）厳密に言うと 1 番目と 2,500 番目では音質差が出るはずです。

さらに言ってしまえば、1 番目ではエッジが効き過ぎているので、一番美味しいところは良い感じにエージング済みの 50 〜 300 番目ぐらいのプレスかもしれません。もうこの辺までくるとただの妄想に過ぎませんが、確かな科学と怪しげなオカルトが同居するこの音楽の世界。なんならもし波形かなんかで測定して、「音質は全く一緒です！」なんていう感じに断定されたものだとしても、マザー / スタンパーが早いものを聴いている、そんな前提知識が良音へと脳内変換させていることもあるかもしれません。

でも、それって否定されるべきことじゃないと思いますけど。聴いているのは機械ではなく人間。目から入る情報は耳にも影響しますし、マインドセットって大事だし

……っておかしくなってますかね？

最後に言っておきたいんですが、欲しいレコードを「マトリクスが邪魔して買えない病」には注意が必要です。こだわりが過ぎると、「ちょっとこれ聴いてみたいなー」なんていう軽い気持ちで買えなくなる、つまり初回マト（もっと言えば初回スタンパー）じゃないと買えない、そんなドツボにハマってしまうことがあるんです。「本当に好きなアーティストだけマトまでこだわろう！」とか、そんな適度な距離感が必要なんですよ。だって、最初っからカンペキを目指して買っていくって、楽しみ方が制限されちゃう感じしません？　ゲームでいったら、先に攻略本を見ちゃうタイプの人です。あ、これ書きながら自分にも言い聞かせているんですけどね！

あと、朗報もあります。確かにマトは価格高騰を生みますが、その逆もしかり。初回マトだけ異常に跳ね上がって、それ以外はググッとプライスが落ちていく、そんなタイトルも少なくないのです。強いて 1 枚挙げるとすれば、Paul McCartney and Wings の『Band On The Run』でしょうか。

そう、こんな隙を突いてお得にオリジナル盤を楽しんでいく、実はそんなスタイルもオススメです！

14

「入るなキケン」〜さらに地獄なマザー/スタンパー

毎年12月といえば年末商戦、レコード屋としても気合十分の廃盤レコードをそろえているワケです。ロック系の廃盤レコードといえば、The Beatles のゴールド（『Please Please Me』の英初版の俗称）とか、イギリスやイタリアのプログレとか、今も昔もそのあたりが花形と言っていいでしょう。ただ、近年といってもここ20年ぐらい前からですが、そこに割って入ってきたのがテスト・プレスです。

マザー/スタンパーほか諸々。

それ以前は、そこまで脚光を浴びていなかったテスト・プレスですが、そもそもこういう条件でこれがオリジナルとか、そういった話自体が一般的になったのも、せいぜい20年ほど前のこと。もちろん一部のコア層は別だと思いますが、さまざまな情報がインターネット上に並ぶようになってからのことなんです。

では、まずここでテスト・プレスの基礎知識を押さえておきましょう。一言でまとめてしまえば、テスト・プレスとは最終校正用に作られたレコードのことを指しています。製品版として大量生産される前に、いったん製品版と同じ塩化ビニール製のレコードをプレスし、仕上がりの最終チェックをするという塩梅です。まぁ、書籍でいうところの校正紙と似たようなものかもし

れませんね。

作られたテスト・プレスはメンバーやらプロデューサーやらに配布され、サウンドは意図した通りになっているのか、針飛び等の不具合はないのか等々、いろいろなことがチェックされます。なお、できあがるまでの詳細なプロセスは結構ややこしいので、この後に解説するプレス工程図をご覧ください。

テスト・プレスは1枚の作品につき、通常は数枚から十数枚といった程度の枚数が作られるケースが多いでしょう。とはいえ、正確な枚数を確認する術は（基本的には）ないんですが、諸説と経験則から導き出すとそんな感じだと思います。

ただ、もちろん作品によってその辺りはケース・バイ・ケースです。実例を挙げ

テスト・プレスの世界はまさに地獄そのもの。これはテストでのみ存在する英盤『The Rolling Stones, Now!』。幻のレア盤。

てみるならば、King Crimson の三部作以前（要は『Red』まで）のアルバムの英テスト・プレスは、かつて中古市場に流れた痕跡は残っていません。あまりに出てこないので、存在自体はしている（or していた）ものの、ロバート・フリップによって厳重管理されているなんていう噂もあります。まぁ、都市伝説レベルの話ですけどね。

また、Eagles『Hotel California』は一定数がプロモーション用にも制作されたとの噂もあり、比較的流通量は多めかもしれません。とはいえ、何百枚もプレスされたということもない（ただ、何百のかなり前半のほうはあり得ます）と思いますし、テスト・プレスが収められた白い無地のスリーヴの一部には、メンバーたちのサインが入っていたりすることもあって、多くのコレクターからラブ・コールを受ける高値安定の大人気盤となっています。

そんなテスト・プレスですが、そもそもなんでそんなにも珍重される

のでしょうか？　ここではその理由の1つ、「マザー」と「スタンパー」という、知れば知るほどキケンな、レコードの奥深き（闇深き？）世界についてのお話をさせていただこうと思います。

もしかしたらこの記事を読むと、ある意味具合が悪くなるかもしれません。まぁ、それだけ濃くて深くて、コレクター地獄みたいな話なんですよ。しかも、この世界は入るなキケン。一度入ってしまえば、もう戻れなくなるかもしれないですよ。では、どうぞ……。

レコードはどうやって作られるのか？

マザーとスタンパーという用語自体は、別項でマトリクスについて取り上げた際にも挙げました。その際にもいろいろと書いたのですが、今回は全体をもう一度ご説明した上で、さらに詳細へと突き進んでいきましょう。

この手の説明をする時にありがちなんですが、使われている素材とかの聞き慣れない専門用語がバンバン飛び出してきて、頭

こんなのもあります。1950年代にアメリカで製造された、ポータブル・ダイレクト・カッティング・マシーン、Rek-O-Kut Challenger。これ1台あれば、レコードが作れちゃいます。

に全然入ってこないというパターンが多いと思います。ということで、ここではあくまでレコードをコレクトする上で役に立つ、実践講習的な色合い強めでご説明したいと思います。

そのあたりを踏まえたレコードのプレス工程図を作ってみましたので、まずはそちらからご覧ください。あくまで簡易版とうたってはいますが、かえって分かりやすくなったと思いますので、何かと役に立つかと思います。永久保存版でどうぞ。

では、工程図の解説をしていきましょう。しつこいようですが、できるだけ細かい説明は省いて、あくまでレコード・コレクター目線でいきますよ！

■ラッカー（別名：ラッカー・マスター）

アーティストによって制作された音源は、カッティング・エンジニアと呼ばれる仕事人の手によって、すべてのレコードの元となる「ラッカー」として仕立てられます。カッティング・マシーンという、レコード・プレーヤーが巨大になったような機械で、ラッカー盤に直接溝を掘っ

ていくワケです。ここで内周部に「マトリクス」も刻み込まれるのですが、そのあたりの解説は別項をご参照ください。

また、カッティングの際にはいろいろと試行錯誤されるのですが、その副産物として生まれるのが「アセテート（盤）」という、実に闇深いレコードです。その優れた音質はもとより、別バージョンや未発表曲を収録したりと、その通常盤とは異なる世界観は、（行くところまで行った）コレクター諸氏に絶大な人気を誇ります。

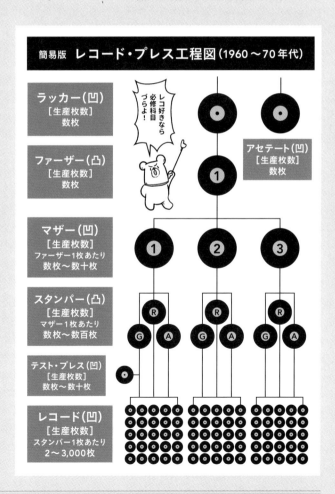

ただ、そんなアセテートには、いくつかの危惧すべきポイントがあります。アセテートはその名の通り、アセテート（正確にはアセチルセルロース）を主な素材として作られたレコードのようなものです。ラッカーの兄弟みたいなものだと思ってください。そのため、通常の塩化ビニール製のレコードとは異なり、瀬戸物みたいな素材で衝撃に弱く、溝の摩耗も起きやすいため、再生するたびに着実にその寿命を縮めていってしまうのです。そんなこともあって、私も店頭とかで頻繁に「アセテートって何回もプレイできないんでしょ？」と聞かれたりします。でも、それって半分正解で半分不正解な気もするんです。

確かに、元々複数回の試聴を前提としていないものにはなるので、30回、40回と再生を繰り返すと、音質の低下もみられることでしょう。とはいえ、あくまで徐々に落ちてくるものなので、ある日突然全く聴けなくなるものでもありません。なんなら、そもそも「1枚のレコードをそんな回数聴きます？」という話でもあります。

だって、思い出してもみてください。ここ最近買ったレコードの中で、10回以上再生したものってどれだけありますか……？　いや、もちろんそんなこと決して褒められたものじゃないんですけどね……。ただ、それだけの理由でアセテートにだけ収められた素晴らしき秘蔵音源たちに触れないなんて、実にもったいない話だと思うワケです。

とはいえ、やっぱり危惧すべきことはまだまだあります。今言ったばかりのことを翻すようですが、なんだかんだいって、やっぱりその個体の再生限界が気になるんです。今手にしているアセテートがそれまでに何回針を落とされたか、そればっかりは分からないですからね。溝の程度を目視で確認するか、探偵さながらに来歴を辿るか、それぐらいしか手がないんです。

また、取り扱いにも細心の注意が必要です。割れやすいのは先刻承知のことですが、意外に知られていないのが「ビニール製の内袋に入れるな」ということです。紙擦れから守ろうとして、よくある半円内袋とかに入れて保管してしまうと、化学変化を起こしてベタっと貼りついてしまうんです……。アセテートは紙製内側に入れる、これを徹底しておきましょう。

そして、最後にして最大最悪に厄介なポイントになりますが、世界の中古市場には、信じられないぐらいの数のアセテートの贋作が出回っているという事実です。これを私は「フェイク・アセテート・クライム」と呼んでいますが、年々確実に被害が拡大してしまっているのです。

私はこれ以上の被害拡大を食い止め、ひいてはレコード中古市場を守り抜くためにも、警鐘を鳴らさせていただきます。ということで、この件に関しては別項でまとめてお話ししていますので、コレクター人生訓としてしっかり胸に刻んでおいてください。みなさん、ご協力よろしくお願いします！

■ファーザー（別名：メタル・マスター／ネガティブ・マスター／オリジナル）

ラッカーはある意味では音楽作品の延長線上にあるものですが、工業製品として大

量生産に入る上での大元となるのが「ファーザー」です。

直接溝を刻み込んだラッカーに、貼り合わせるように処理してコピーした型みたいなものなので、溝の形状が逆（ネガティブ）の「凸」になっています。

■マザー（別名：メタル・マザー / ポジティブ）

ファーザーをさらにコピーして誕生するのが、いよいよ本項のテーマにして、コレクターたちを手玉に取る悪魔の実、「マザー」です。

最終的なレコードの生産枚数にもよりますが、1枚のファーザーにつき数枚のマザーが製作されます。ここでの溝の形状は、元に戻って「凹」（ポジティブ）。

■スタンパー

1枚のマザーから数枚〜数十枚製作される、それがマザーと並ぶもう一房の悪魔の実、「スタンパー」。これがレコードを直接プレスする型となります。その出っ張りでプレスするので、溝の形状は「凸」。

時代によっても異なりますが、1枚のスタンパーにつき2,000〜3,000枚のレコードがプレスされます。The Beatlesのようなメガ・タイトルの場合は、数百枚のスタンパーを製造し、数十万枚単位のレコードの生産に対応するワケです。

なお、これら全てのディスクには、コピーできる限界枚数みたいなものがあります。デジタルではないので、コピーすればする

Deccaは「B」が至高。ちなみにコレはマトリクス「1A/1A」のマザー/スタンパー「1B/1B」。卒倒モノ！

ほど、その凹凸がなまってきちゃうという寸法です。こうして小分けにしてねずみ算式スタイルで増やしていくのです。

刻まれた「暗号」から何を読み解く？

いよいよここからが実践講習になります。別項でもお話ししたように、マザー、そしてスタンパーが若いほうが、理論上は良音への期待値が上がります。

では、どうやってより若いマザー/スタンパーを探せばよいのでしょうか？　それらはある種暗号化されているため、ちょっとコツというか、知識が必要です。しかも、その暗号はプレス工場ごとに変わるという厄介ぶりです。ここではその中から、ロックでは王道中の王道といえるプレス工場、EMIとDeccaの暗号を読み解いていきましょう。

EMIは、The Beatlesでお馴染みのParlophoneや、本体である大メジャーEMIを筆頭に、Pink Floyd等のHarvest、Procol HarumやTyrannosaurus Rex等のRegal Zonophoneをはじめとする傘下レーベルほか、多くのレーベルのレコード生

産をまかなっていました。

　早速その暗号を読み解いていこうと思いますが、表記方法はもとより、その表記位置も工場によって異なっています。まず写真で各項目が記されている位置を確かめながらマザー／スタンパーの表記方法を確認してまいりましょう。

6時の位置はマトリクス。これは「3」。

9時の位置はマザー。これは「2」。

3時の位置はスタンパー。これは「RR」、つまり「22」。

　EMI系列で生産されたレコードは、マザーはシンプルに数字で表記されています。写真の9時の位置は「2」ですので、2番目に製作されたマザーを使用したレコードということになります。ウンウン、これは分かりやすいですね！

　問題はスタンパーの読み解き方です。アルファベットで表記されているのですが、単にABC順というワケではありません。ミステリー！

　ズバリこの暗号の解き方は、EMIの生みの親、The Gramophone Company Limited（The Gramophone Co. Ltd.）が鍵になります。その対応表を作ってみましたので、ご覧ください。

　まぁ、ネタさえ分かってしまえば、なんということのない結構シンプルな暗号ですが、一度知ってしまったのが運の尽き。たとえがっぷり四つとはいかずとも、「どうせなら……」と若いマザー／スタンパーを求めてしまう身体になる……かどうかは人次第？

　では、続いてDeccaについても解説しましょう。EMIと並びイギリスの2大レコード・カンパニーとして名を馳せたDecca Recordsは、The Rolling Stonesでもお馴

簡単　スタンパー・コード早見表（EMI編）

G	R	A	M	O	P	H	L	T	D
1	2	3	4	5	6	7	8	9	0

Q. スタンパー・コード「MR」の場合、何枚目のスタンパーが使用されている？
A. 「42」枚目のスタンパー

Q. 5枚目のマザー、125枚目のスタンパーによってプレスされたレコードのマザー／スタンパー・コードは？
A. マザー：5／スタンパー：GRO

簡単 **スタンパー・コード早見表（Decca編）**

B U C K I N G H A M
1 2 3 4 5 6 7 8 9 0

Q. スタンパー・コード「BM」の場合、何枚目のスタンパーが使用されている？
A. 「10」枚目のスタンパー

Q. Decca系でプレスされたレコードのうち、最も早い時期にプレスされたレコードのマザー／スタンパー・コードは？
A. マザー：1／スタンパー：B

6時の位置はマトリクス。これは「4A」。

9時の位置はマザー。これは「1」。

3時の位置はスタンパー。これは「BI」、つまり「15」。

染み本体 Decca をはじめ、プログレ・ファンであればご存知のサブ・レーベル Deram、Nova、はたまた The Who の Brunswick 等々、こちらも多くのレーベルのレコード生産をまかなっていました。こちらもまずは表示位置から確認しましょう。

EMI と表示位置は同じと思って良いでしょう。また、マザーも同じく123と数字で表されています。そして、問題のスタンパーですが、こちらは Decca 特有の暗号が使用されています。通称「BUCKING-HAM（バッキンガム）コード」と呼ばれていますが、その字面通りの順番で暗号化されているんです。では、表をご覧ください。

ちなみに、そのコード名の由来は私も知りません。地名なのか、それともバッキンガム宮殿とかバッキンガム公みたいな固有名詞なのか……どなたか教えていただけるとうれしいです！

最後におまけですが、Phillips についても触れておきましょう。Phillips Records は、ヒゲ剃りの電動シェーバーでもお馴染み、オランダ発の家電メーカーが作ったレコード会社です。Polydor や Fontana、そしてブリティッシュ・ファン御用達の

Vertigo 等の系列レーベルを始め、英 Atlantic 等々幅広くレコードの生産をまかない、数多くの名作を世に届けてきました。プレス工場自体は、1969 年に Phonodisc Ltd. と名を変えています。

Phillips は、EMI や Decca とは一味違う、その表示項目と表示位置がポイントです。表記方法自体は暗号化されておらず、マザ

ーもスタンパーも単純に数字で123順と
なりますが、ここにさらにもう1つの項
目が加わります。

　EMIやDeccaとは異なり、Phillipsは
（基本的には）ひとまとまりになって表
示されています。例としてLed Zeppelin
『s.t.（1st）』の英完全初版を解剖してみま
しょう。なお、ジャケットは最初期のもの
とされる通称「ターコイズ・スリーヴ」で
す。

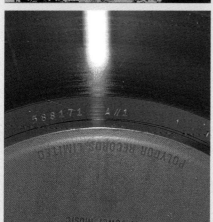

モデルはロック・ファン憧れの1枚、Led Zeppelin
『s.t.（1st）』の英完全初版、通称「ターコイズ」。

＜A面のランオフ情報＞
588171 A // 1 1 1 1

- ■「588171」… 規格番号
- ■「A//」に続く「1」…マトリクス
- ■「1」（左）… ファーザー
- ■「1」（中）… マザー
- ■「1」（右）… スタンパー

　「あれ？」となった方、正解です。ここで
急に登場したのがファーザーです。他レー
ベルでは表記されない項目ですが、Phil-
lipsはファーザーの順番すら分かってしま
います。

　でも、ご安心ください。プレス工程図か
らも分かるように、ファーザーはラッカー
と対で生産されるものなので、基本的に
はすべて「1」となっています（とはいえ、
そう単純なものではなくて、いっぱい例外
もあるんですけどね……）。

　ということで、コダワリな方はマザー
／スタンパー部分を追っていくのですが、
Phillips系列は結構判読しにくいものです。
前記のように、最高にうれしい「111」の
ように、シンプルであれば話が早いです
が、いずれかの数字が2桁以上になったり、
隣の数字との境目が分からなかったり、そ
もそも数字が2つしかなかったりと、変
則的に表記されることも少なくありません。

　まぁ、論より証拠、ちょっと一例として
掲載したKing Crimsonの『宮殿』の画像
をご覧ください。ね？　ワケ分からんでし
ょ？　こういった場合、正直どう読み取っ
たら良いのか、私もちゃんと分かっていま
せん。どなたかご教授ください！

「良音」を求める冒険は
どこまでも続く

　もう一度念押ししておきますが、マザー/スタンパーの若さは、絶対的な良音を保証するものではありません。あくまで期待値が上がるということです。

　マトリクスに関しても同じようなことは言えます。ただ、「マトリクスの違い」＝「カッティングの違い」なので、聴感ではよく分からない程度のものから、そもそもミックスが全く異なる別物まであります。良音かどうかはさておき、音の違い自体は生まれやすいのです。

　しかし、マザー/スタンパーはマトリクスとは異なり、所詮ソースは同じもののコピーに過ぎません。私たちはそれを「鮮度」と呼んでいますが、その凹凸のなまり具合からくる音の差になるため、パッと聴きでは感じにくいかもしれません。

　そんなこともあって、私も店頭で接客する時は、「あんまりマザー/スタンパーにはこだわり過ぎないほうが平和ですよ～」とお話しさせていただいています。そう、たしかに「平和」ではあるんです。でも、やっぱり早いほうが良い音がする個体があったりするもので、そうコトは簡単には割り切れません……。

　そして、その先に広がっているのは、これらの上位互換といえるテスト・プレスの世界。マザー/スタンパーをかき分けてたどり着いたと思った「良音」の先には、さらに闇深い森が広がっているのです……。くわばらくわばら。

　それにしても、当時生産に関わっていた

モデルは King Crimson の『In The Court of The Crimson King』。これはマトリクス：2/3 のB面になりますが、2つ目の1からして反転しています。

方たちは、後年こんなに根掘り葉掘り調べられるとは思っていなかったでしょう。現場には現場の事情があるもので、全てがキッチリとルールに沿った形で、生産されていたとは思えません。

　実際、個々の作品を見てみると、イレギュラーなものがザックザック出てくるんです。たとえば The Beatles の『s.t.（ホワイト・アルバム）』を例に挙げると、こんなマザー/スタンパーも存在します。

UK Stereo（PCS7067）
【Side3】マザー：2/スタンパー：AOG
【Side4】マザー：1/スタンパー：G
※いずれもマトリクスは「1」

　Side4はファースト・スタンパーが使用されているのに、Side3はマザー「2」で3桁スタンパー。通常のロジックから完全に外れているのが分かるでしょう。うーむ、掘れば掘るほど深まる謎、だからこそどこまでも続く奇妙な冒険……。

15

The Beatles「レコード・コレクター入門」

言うまでもなく、20世紀の音楽史において最大の影響力を誇った偉大なるバンド、The Beatles。少なくともロック・ポップスの世界においては、大なり小なり全てのグループがその影響下にあるといっても過言ではないでしょう。

レコード・コレクションの歴史においても、彼らの影響は絶大なものです。彼らのレコードが持つ謎が1つ解明されるたび、その成果は他アーティストの作品の研究にも反映され、レコード研究はその歩みを一歩ずつ進めてきたのです。

全The Beatlesファンの憧れ、『Revolver』のワンサイド・テスト・プレス2枚組。気になるマトリクスは「1/1」!!

1963年にリリースされた英2ndアルバム『With The Beatles』は、デビューして間もなかったバンドとしては異例中の異例、予約のみで50万枚超を記録しています。そして、みなさんご周知の通り、彼らはその後歴史的な快進撃を続けていくワケですが、それはレコード・ビジネスやレコード生産の世界にも大きな変革を迫るのです。

その過去に類を見ない人気により、各プレス工場は増産に次ぐ増産を進め、多くの版を重ねていきました。版の大量生産は製品となるレコードに内容や品質の違いを発生させましたが、それらは意図したものも意図しなかったものも含まれていました。まぁ、そもそも当時はそんな些細な違いなど、特に気にも留めていなかったのかもしれませんが。

今現在それらはプレス・バリエーションと呼ばれ、コレクターの蒐集対象として人気を博していますが、このようにして大量生産は多種多様なレコードを後世に遺すこととなったのです。いや、「遺してしまった」と言ったほうが正確かもしれません……。

そんなこともあって、インターネット上でありとあらゆる情報が飛び交う昨今においては、いちアーティストの1枚の

作品といえども、研究に研究が重ねられ、物事が過剰に複雑化しているのが現状です。そして、The Beatles のレコードをコレクトし始めてみよう、そんな（魅力溢れる）心意気を持ってみたものの、何から手を出していけばいいものやら、迷子になっている方も少なくないのです。

まず大前提として、The Beatles のレコードを買い始める第一歩は、オリジナル・アルバムの英Mono 盤を集めることです。とはいえ、それだけでも結構細かい条件付けがあってややこしいんですが、とにかく彼らのレコードの魅力に触れてみたいのであれば、あんまり深くは考えずにオリジナルの条件を満たしたものを買うのが良いでしょう。そして、多くの方にとっては、それ以上のコダワリは必要ないのかもしれません。

ただ、この項のテーマでもある「コレクター入門」ともなれば、もう一歩踏み込む必要があります。単にオリジナルの条件を満たしているだけではなく、ラベルやジャケットのディテールから、（禁断の果実とでも呼ぶべき）マトリクスやマザー、スタンパーといった要素が導くプレス・バリエーションまで、コレクターの世界はとことんコダワリをみせてナンボ。こだわればそれ相応の恩恵があるものなのです。

しかし、それらを暗中模索で買い集めるのは至難の業。いくらインターネット時代といえども、結局何を買えば良いのか、もっと言えば何が「ベスト・バイ」なのかを

かつて私が見た中で、最も美しい状態を保っていた『Please Please Me』の Gold Mono。こうして裏ジャケの白さを見ていただければ、分かっていただけると思います。

答えてくれるものはそれほどないのです。

ということで、ここでは遠回りなしに一発でズバッと決めたい、そんな欲張りなアナタのためにも、基礎知識を押さえつつ、コダワリ要素を盛り込んだコレクター目線での「The Beatles Best Buy」をご紹介しようと思います。

なお、広げればキリがなくなってしまうので、オリジナル・アルバムで、かつMono 盤縛りのご紹介とさせていただきます。これで同じアルバムを何枚も買いそろえたりなんてしなくて済みますねって、まぁ気づけば不思議と増えてるものなんですけどね……。

レコード・コレクトの基礎知識

まずは基礎知識を確認してまいりましょう。彼らのアルバムのオリジナル判別に最も重要なものは、ラベル・デザインです。

ジャケットにもさまざまなバリエーションがありますが、一部を除けば細かい条件付けは多くなく、それほど気に留めなくても問題ありません。強いて言えば、多くの作品は「Garrod & Lofthouse（通称G&L）」、「Ernest J.Day（通称E.J.Day）」のいずれかの製造工場によって生産されており、後者のほうが若干レア度が高いということを押さえておきましょう。

また、ジャケット右上に記載された「mono」のフォント・サイズにバリエーションがあったりもしますが、シンプルにオリジナルを探すという目的においては、それほど大きな問題になってくるポイントではありません。そのため、ここでは焦点を絞り込んで、ラベルの基本から説明いたします。

では、まずはラベルの見方から確認していきましょう。各アルバムの蒐集ポイントを説明する際も、これを踏まえた上で話していきますので、画像と見比べながらしっかり確認しておいてください。

なお、各用語は The Beatles 専用というワケではなく、レコード・コレクションにおける共通用語となりますので、簡単に応用も利いちゃいます。そう、全ての道は The Beatles から始まるのです。

① ラベル・デザイン

他レーベル同様、Parlophone も時代と共にラベル・デザインを変更していきますが、The Beatles が活動した時代は至ってシンプル。基本は写真と同じ「Yellow/Black」と呼ばれるタイプばかりですので、ここはあまり問題になりません。

なお、1st『Please Please Me』と Apple Records 設立以降はまた異なるデザインとなりますが、そちらもシンプルで分かりやすいと思います。また、呼称としてはラベルの色の後にレーベル名をつける、つまり「Yellow/Black Parlophone」みたいな感じで呼ばれることが多いんですが、ちょっと長いのでここでは省略させていただきます。

② リム（Rim）

オリジナルを判別する際に最も重要な部分です。権利関係等のクレジットをラベル面の縁に沿って記載していることからも「リム」と呼ばれています。ラベル・デザインに加えて、リムを正しく判別

まずは基本となる、ラベルとデッドワックスの見方を押さえておきましょう。

できるようになれば、レコードが生産された時代が（ある程度）特定できるようになります。

③ リマーク（Remark）

　意外に見落としがち、かつ大事な部分です。ラベル中央上部に「Sold in U.K. subject to resale price conditions, see price lists.」という文言が記載されていることがあるのですが、これは英国内での再販価格に関する文言を記載したものです。これを巷では「リマーク」とか「Sold in U.K.」という感じで呼んでいたりします。

　もうちょっと細かく説明すると、リマークがあるレコードは、1964年2月から1969年7月の間に生産されたものを意味するため、リム同様に生産された時代を特定するための判断材料となります。

④ マトリクス（Matrix）

　細かい説明は別項でさせていただきましたが、オリジナル判定されたレコードであっても、生産された時期には多少の幅があるものです。そこで、コレクター（a.k.a 求道者）たるもの、単なるオリジナルの向こう側を目指す、つまりオリジナルの中でもとりわけ最初期に生産されたレコードを探し求めるものです。

　ここでは手っ取り早く、数多存在するマトリクス・バリエーションの中から、最初期のものを記載しておきましょう。

⑤ マザー（Mother）
⑥ スタンパー（Stamper）

　この2つに関しても別項で細かく説明

しましたが、これこそがコレクターにとって最もキケンな要素です。ここで推奨することは避けておきますが、一度知ってしまえば引き返すことはかなわない、まさに文字通りの禁断の果実なのです……。

　いよいよここから具体的にコレクターズ・ポイントを解説してまいります。分かりやすく時系列に沿って、オリジナル・アルバムのリリース順に各ポイントを挙げていきましょう。

ラベルの「出版社名」を確認せよ！

■『Please Please Me』（PMC1202／1963）
① ラベル：Gold
② リム：Parlophone
③ リマーク：なし
④ マトリクス：1N／1N

　鈍く光る金色が眩しい、ファン憧れの1枚。ちなみに Stereo は Mono の10分の1程度のプレス枚数しか存在せず、状態がまずまずであれば余裕の100万円 over という、ロック界を代表するプラチナ・アルバムです。

　そして、本作はただでさえレアな1枚でありながら、大きく3パターンもラベルが存在する、非常に厄介でコレクター泣かせなアルバムです。まずそのパターンについて整理してみましょう。

① Dick James
② ハイブリッド（別名：クロスオーヴァー）
③ Northern

1 Dick James

3 Northern

　それぞれが何を示すかというと、ラベル
に記載された曲ごとの出版社名になりま
す。正しくは「Dick James Mus. Co.」と
「Northern Songs Ltd.」なんですが、生
産中に急遽曲の出版権が移ったため、一口
に Gold と言っても、曲のクレジット違い
で3つもバリエーションが生まれてしま
ったのです。

　なお、2 はA面が 3、B面が 1 という
ように、AB面がそれぞれ異なるクレジッ
トで記載された、過渡期に生産されたもの
になります。

　ちなみに、1 2 3 は時系列順になりま
すので、1 が最も早いプレスになります
が、レア度は 2 > 3 > 1 の順となっていま
す。ただ、中古市場における本作は、クレ
ジットの希少度よりもとりわけコンディシ
ョンの優劣に重きが置かれているため、コ
ンディションの差が優先してプライスに反
映されます。

　では、肝心の判別方法を確認してまいり
ましょう。チェック・ポイントは、AB面

共に最初に出版社名が記載されている箇所、つまり、A面はA1「I Saw Her Standing There」、B面はB4「Do You Want To Know A Secret」のクレジットになります。

実は他の曲の出版社名も変わっているんですが、とにかく両面共に最初のクレジットを確認すれば良い、と覚えておくのがベターです。というのも、①でも③でもA7「Please Please Me」は①で

ジャケット右下部分の比較画像。下のほうが初回です。

あったりと、全部が全部きれいに変わっているワケじゃないんです。なまじっか他部分の変更点も覚えちゃうと、何がなんだか分からなくなっちゃう恐れもあるんです。ああ、ややこし……。

さらに、ジャケットも大きく2種存在しています。こちらはバリエーションではなく、時代的に前後する、つまりオリジナルか否かが決まっています。判別方法はたったワン・ポイント、表面右下に小さく記載されているテキスト「Photo: Angus McBean」の表示位置です。まぁ、こんな細かいことをよく見つけたなぁーと思いますが、右下部分の茶色部分にテキストがかかっているものが初回ジャケで、通称「Right Angus」とか「右寄り」なんていうふうに呼ばれています。とにかく、ラベルもジャケットも文字面だけだと分かりづら過ぎるんで、写真もあわせて確認しておいてくださいね！

■『With The Beatles』

（PMC1206/1963）

① ラベル：Yellow/Black
② リム：Parlophone
③ リマーク：あり
④ マトリクス：1N/1N

本作のポイントは2つ。まず、初回マトリクスとなる「1N/1N」は、通称「Loud Cut（ラウド・カット）」と呼ばれています。読んで字の如く、他マトリクスのものよりも音圧高めの仕上がりになっており、そのワイルドなサウンドは、この時期の彼らの勢いにピッタリときます。

また、世の中に一番多く出回っているマトリクスは「7N/7N」ですが、この「1N/1N」も決してプレス枚数が少ないワケではなく、頻繁に市場にその姿を見せます。そのため、あまり無理のないプライス感でその魅力をお楽しみいただけることでしょう。

ただ、コレクターたるもの、もう1つのこだわりポイントも満たしてこそ、完全な

るファースト・プレスといえるのです。そのチェック・ポイントは、今度もラベル面に記載された出版社名のクレジットで、B7「Money」の出版社名が、初回は「Jobete」、変更後は「Dominion」と変化していくのです。

　先程「1N/1N」はいっぱいあると言いましたが、プラスで「Jobete」の条件を満たしたものは結構少なめで、体感では「1N/1N」の10枚に1枚程度の出現率だと思います。あくまで感覚ですけどね！

『A Hard Day's Night』の初回ラベル。

当時の技術なのでしょうがないですが、もうちょっとどうにかなりませんでしたかね……。

■『A Hard Day's Night』
（PMC1230/1964）
① ラベル：Yellow/Black
② リム：Parlophone
③ リマーク：あり
④ マトリクス：3N/3N

　この1枚は本作品だけが持つ、少し変わった初回の要件があります。その要件はただ1つ、「規格番号の文字が大きい」です。もっと細かく言うと、規格番号「PMC1230」のフォントが違うんですが、こればっかりは写真を見て覚えておいてください。

　なお、マトリクスのバリエーションは特にありませんので、変に迷うことはないでしょう。

■『Beatles For Sale』（PMC1240/1965）
① ラベル：Yellow/Black
② リム：Parlophone
③ リマーク：あり
④ マトリクス：3N/3N

　オリジナル要件にはあまり特筆すべきことはありませんが、マトリクスは「4N」が混じっているパターンが多く、初回は意外に少なめです。
　また、ジャケットは見開きで、さらに内側から盤を取り出す、俗に「Unipack」タイプと呼ばれる仕様となっています。全作品中、唯一本作にのみ採用された仕様となりますが、取り出し口部分が傷みやすく、

状態の良い個体を探すのに非常に
骨が折れるタイプでもあります。

　なお、あまり言及はされていま
せんが、ジャケットにもちょっと
したバリエーションがあるもので、
裏ジャケのメンバーの写真が自然
なものと、ものすごく雑にトリミ
ングされたものとが存在していま
す。画像を見比べてもらえば一目
瞭然ですが、じっくり見てるとそ
のあまりに雑な仕事ぶりに、ちょ
っと笑えてきちゃいます。

これぞテスト・プレスにだけ許された、禁断のマトリクス！

■『Help!』（PMC1255/1965）
① ラベル：Yellow/Black
② リム：Gramophone
③ リマーク：あり
④ マトリクス：2/2

　オリジナルであればマトリクスは固定で、
複雑な要件もなければ流通量も多い、最も
入手しやすいタイプの1枚です。

■『Rubber Soul』（PMC1267/1965）
① ラベル：Yellow/Black
② リム：Gramophone
③ リマーク：あり
④ マトリクス：1/1

『With The Beatles』同様、初回マトリ
クス「1/1」は「ラウド・カット」となっ
ています。なお、流通量が一番多いマトリ
クスは「4/4」になりますが、そもそもタ
イトル自体が人気、かつ初回マトのプレ
ス数は比較的少なめということもあって、

『With The Beatles』よりも価格の上がり
幅が大きいのが特徴です。問答無用の人気
盤！

■『Revolver』（PMC7009/1966）
① ラベル：Yellow/Black
② リム：Gramophone
③ リマーク：あり
④ マトリクス：2/1

　本作はマトリクスによって唯一「内容」
が異なる、そんなキケンな魅力に溢れた
1枚です。通常流通盤は「2/2」か「2/3」
となりますが、初回である「2/1」の個体
数はかなり少なく、全作品の中でも最も入
手難度の高いマトリクスとなっています。
　さらに、その希少度に加えて、内容が違
うというキラー・ポイントをも兼ね備えて
いるため、最も激しい価格上昇を見せるマ
トリクスでもあります。あくまで目安には
なりますが、通常流通盤に比べると、市場
流通価格が4〜5倍になるようなイメージ
です。
　では、ここからは内容が異なる箇所と、

その入手難度の高さの理由について確認していきましょう。

まず内容の違いが発生している曲はB7「Tomorrow Never Knows」なのですが、ポイントはマトリクスによって収録されているバージョンが異なるということです。具体的には、通常盤は「RM8（Remix Mono 8）」というバージョンが採用されていますが、「2/1」のみ異なる「RM11」が収録されているのです。いや、正確には手違いにより「収録されてしまった」のです。

本作がプレスを開始したのは1966年7月14日。そんな大量生産入りたてホヤホヤの初日、プレス工場に突如1本の電話が鳴り響きます。その電話の主は、ご存知The Beatlesのプロデューサーのジョージ・マーティン。開口一番彼が告げたのは、プレスの中止、そしてプレスのやり直しでした。

いちアーティストの希望によりプレスを中止する、当時そんなことがまかり通るはずもないのですが、そこは「超」が付くレーベルの稼ぎ頭The Beatles様。彼の要求を飲まざるを得ない形となったレーベルは、当初最終ミックスとされていた「Tomorrow Never Knows（RM11）」収録盤のプレスを中止し、「Tomorrow Never Knows（RM8）」収録盤へと差し替えを実行。緊急対応ということで、その間たった1日の出来事でした。そのため、「Tomorrow Never Knows（RM11）」収録盤、つまりマトリクス「2/1」の盤はたった1日しかプレスされず、高い希少性を持つ1枚となってしまったのです。

そんなこともあって、「First Day Pressing」なんていうふうにも呼ばれるレアな「2/1」ですが、実際のところ何枚ぐらいプレスされたのでしょうか？　たった1日しかプレスされなかったという割には、マザー/スタンパーが大胆に進んでいることからも、時折コレクター間でも物議（？）を醸すことがあるテーマではあります。

当時EMIのプレス工場は約120台のプレス・マシーンが稼働しており、1台の生産量は1日につき千枚程度だったとされています。となれば、仮に「2/1」にプレス工場の1日の全生産能力を注いだとすれば、単純計算で約12万枚の「2/1」がプレスされたことになります。

Stereo盤も同時にプレスしていたかもしれませんし、他アーティストの作品もプレスしていたかもしれません。ただ、正確なプレス枚数こそ分かりませんが、いくら1日だけの生産といえども、優先されるべきはThe Beatles。「2/1」はそれ相応の個体数が残されていると思って良いでしょう。

では、次に肝心要の「RM8」と「RM11」の違いについて触れておきましょう。細かなミックスの違い等、異なる部分はたくさんありますが、最も分かりやすいのは2点。「曲の長さ」と「タンバリンの有無」です。「RM11」は最後のピアノが長く収録されており、3秒ほど曲が長くなっています。また、通常は冒頭のドラムが入ってくる部分でタンバリンが鳴りますが、「RM11」ではごっそり抜け落ちています。細かいっちゃー細かい違いなんですが、聴き慣れていればいるほど、その違和感は大きいはずです。

「RM11」はレイト・プレスもCDもサブスクも、公式ではいかなるプレスにも採用されることはなく、「2/1」を持っている人だけの密かな楽しみだったのですが、56年の時を経た2022年。一連の「Special Edition」シリーズにて、めでたく「RM11」が収録されることとなったのです……めでたい！

■『Sgt Pepper's Lonely Hearts Club Band』（PMC7027/1967）
① ラベル：Yellow/Black
② リム：Gramophone
③ リマーク：あり
④ マトリクス：1/1

オリジナルというだけであれば特に迷う要素はありませんが、本作にて初めて付属品が付けられるようになりました。カットアウトと呼ばれるインサートと、サイケデリックな模様が描かれたインナー・スリーヴが付属して完品となりますので、その辺りはキッチリと確認しておきましょう。

ただ、コレクター的視点で見るのであれば、もう何点かチェックしておくべきポイントがあります。まずジャケットからですが、主なコレクターズ・ポイントが3つありますので、その難易度順にご紹介していきましょう。なお、いずれもあくまでバリエーションであって、時代的な前後とは無関係ですので、その点はお間違えなきよう。

1点目は「Patents Pending」です。裏ジャケ右下部分には「Printed and made by Garrod & Lofthouse Ltd.」というクレジットが必ずありますが、それに続く形で「Patents Pending」と追記されているバージョンが存在しています。通常ジャケよりも希少で、コダワリな方には人気の仕様です。

2点目は別項でも触れた一番人気の「Wide Spine（ワイド・スパイン）」です。読んで字のごとく、背が通常よりもかなり幅広な仕様のものを指しています。P45に掲載した比較画像を見れば分かると思いますが、シンプルにガッツリ見た目が違うため、その高い人気にもご納得いただけるかもしれません。え？ ただ背が広いだけがどうしたって？ まぁ、興味がない方にはそんなものかもしれませんね……。

そして、3点目は「Fourth Proof」です。ジャケット内面右側の折り返し部分に、「Fourth Proof」というクレジットが記載されているバージョンのことを指します。極端に数が少ないということもないんですが、この3点では一番難易度が高いでしょう。

また、ラベルにも1点だけ人気のバリエーションが存在しています。最終曲「A Day in the Life」がラベルに記載されていないという、ある種エラーみたいなバージョンなのですが、なかなかに入手難度は高く、ちょうど「Fourth Proof」ぐらいのクラスかもしれませんね。

■『Magical Mystery Tour』（MMT1/1967）
① ラベル：Silver
② リム：Gramophone
③ リマーク：あり
④ マトリクス：1/1/1/2

本作はEP2枚組ともあって、他アルバムとは少しパターンが異なりますが、意外に見落としがちなのは、リマークの有無です。リマークありが初回の絶対要件なので、キチンと確認するようにしておきましょう。

また、ブックレット仕様になっているジャケットのチェック・ポイントは、ちょうど真ん中辺りにあるカラー・ページの色です。ここは青、黄、紫と複数種が存在していますが、青が初回となっています。お忘れなく。

人気の高いバリエーション
「レフト・アップル」とは？

■『The Beatles（White Album）』
（PMC7067-8／1968）
① ラベル：Dark Apple
② リム：--
③ リマーク：あり
④ マトリクス：1／1／1／1

ここからは Parlophone を離れて、Apple Records からのリリースとなりますので、ラベル・デザインも変更されています。時期によってはリンゴの色が暗かったり、明るかったりするんですが、リマークやマトリクス等の他ポイントを押さえてさえいれば、決して間違えることはありません。

そして、本作の Mono 盤は屈指の人気タイトルですが、あまりにさまざまなコダワリ要素が詰まった鬼門の1枚ともいえましょう。最も有名なのはジャケット表面に押印された通し番号で、若くなればなるほどプライス・アップするという、実にキケンなナンバーです。

まずは桁数が重要で、6桁が平常運転、5桁でまぁまぁといった感じですが、4桁は6桁の倍以上の価値づけとなり、3桁からは地獄のレア・アイテムへと変貌していきます。2桁ともなればゆうに100万円を超えるプライス・ラインへと突入しますが、2桁の中でも前後半のいずれかで価値づけも変わってきます。また、桁数とは別に、連番やゾロ目等数字的に見栄えが良いものも、かなりのハイ・プライスで取引されています。

なお、1桁はメンバーとその周辺の関係者配布用だったため、いわずもがなのド級のレア盤。もはや単なる1枚のレコードを超えた存在として、燦然と輝きを放っています。これも別項で触れたように強烈過ぎていまだ記憶に新しいのが、2015年にオークションへ出品されたリンゴ・スター所有の「No.0000001」です。その時叩き出された落札価格はなんと $790,000（約9,700万円）。世界のレコード・コレクターたちはみんな度肝を抜かされましたが、まさにこの出来事はレコード史が書き換わった歴史的な瞬間だったのです。

あと、本作のジャケットには『Sgt Pepper's～』ほどの違いではないにしろ、ワイド・スパインが存在していたりもします。ただ、番号やら状態やら、他に優先されるべきポイントがあり過ぎて、コレクター間でもさほど重要視されていないかもしれません。

また、ラベルには本作固有のチェック・ポイントがあります。各ラベルの左側に記載された「33 3/1」の上に「An E.M.I. Recording」というクレジットがあるも

のとないものが存在します。端的に言えば「なし」のほうが人気なんですが、これは時代的なものというよりも、バリエーションと思っていただいたほうが良いかもしれません。事実「あり」のほうが若いマザー / スタンパーを持っていたりもするので、この辺はお好みでどうぞ。

　最後に付属品にも触れておきましょう。ポスター、黒一色のインナー2枚、ポートレート4枚と、ここまで揃っているのがいわゆる完品要件となりますが、さらにあったらうれしい「保護紙（Spacer）」というものが存在します。（おそらく）ポートレートを保護するための無地の白紙1枚なんですが、ただの紙切れという感じなのでさすがに欠けやすく、付いているとラッキーです。そんな紙切れなのに（or がゆえに）、模造品も出回っているので気をつけましょう……。たかが紙、されど紙。

■『Yello Submarine』（PMC7070/1969）
① ラベル：Dark Apple
② リム：－－
③ リマーク：あり
④ マトリクス：1/1

　本作のポイントはジャケット裏面です。フリップバックの右下部に「Printed and made by Garrod & Lofthouse Ltd. Patent No.943.895」というクレジットの有無のバリエーションが存在しますが、何の表記もされていないものが初回となります。

「33 3/1」の上の「An E.M.I. Recording」がポイントです。

ただそれだけ、シンプル。

■『Abbey Road』（PCS7088/1969）
① ラベル：Dark Apple
② リム：－－
③ リマーク：なし
④ マトリクス：2/1

　Mono 盤縛りと言いましたが、最後の2タイトルは Stereo しか存在しませんので、そのまま続けさせていただきます。本作での大事なポイントは、ラベルとジャケに1点ずつあります。

　まずラベルは、最終曲「The End」のテキストに続き記載される「Her Majesty」というクレジットの有無をチェックしましょう。これは無いことが初回要件となります。

　ジャケットは、裏ジャケの下部に表示されている Apple ロゴの位置が重要です。画像を見てもらえれば一目瞭然ですが、付近のテキストと位置が合っているものと、左にズレてしまっているものがあります。

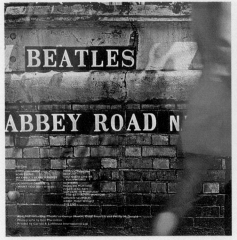

これが『Abbey Road』のレフト・アップル。通常盤はリンゴがピッチリ収まっています。

ただ、ズレていれば初回というワケではなく、あくまでバリエーションではありますが、ズレているもののほうが圧倒的に人気なバージョンとなっています。

ここ日本では、左にズレていることからもこのジャケを通称「レフト・アップル」と呼んでいますが、海外では「Mis-aligned Apple」と呼ばれています。こうして日本と海外で名称が違うってことって多いものです。

■『Let It Be』（PCS7096/1970）
① ラベル：Dark Apple
② リム：--
③ リマーク：なし
④ マトリクス：2U/2U

ここまで長々と書いてきたので、もう情報で頭がいっぱいかもしれませんが、最後もちょっとややこしい1枚です。

本作は他作品とは少し趣が異なり、まず初めに限定ボックス仕様がリリースされ、その数ヶ月後に通常盤がリリースされています。ただ、いずれもレコード自体は同じですので、まずは通常の初回盤からポイントをお伝えしていきましょう。

最初のチェック・ポイントは、裏ジャケ下部のApple ロゴの色。初回は赤、その後は緑（というかちょっと不気味な色）に変更されています。ここがApple ロゴではなく、Parlophone ロゴに変更されているものは、エクスポート（輸出）仕様のものとなります。

そして、件のボックスですが、一番大事なポイントは中のトレイ部分です。形が形なので非常に痛みやすく、大半の個体は破れたり壊れたりしており、美品探しはトップ・クラスの難度を誇ります。そんなこともあって、トレイだけ偽物が存在するのです。世の中悪いヤツがいるものですね！

まぁ、それっぽい造りなんですが、一度本物を見ておく、ないしググって画像と見

比べれば、リスクはグッと軽減されると思います。とにかく、まずは偽物があるという事実を覚えておきましょう。

また、付属している豪華なブックレットにも複数のバリエーションが存在します。ここでのポイントは、最初のほうの奥付にあたるページに記載されたクレジットの分量です。ページいっぱいに渡って記載されていたり、それをステッカーで隠していたりと、さまざまなバリエーションが存在しますが、上のほうにちょこんと10行だけ記載されているものが初回となります。とはいえ、ただでさえボックス仕様はコンディションやらプライスやらで骨が折れるタイトルなので、ブックレットの初回云々は妥協点かもしれませんね！

なお、初回ボックス仕様に入っている盤は、必ず初回のマトリクスというワケでもなく、「3U/3U」の盤が入っていることも多いです。やっぱりどうせなら「2U/2U」が入っているものが欲しいですけどね……とにかくチェック・ポイントが多い！

こちらが伝説の『ザ・ベスト・オブ・ザ・ビートルズ』（OP-7177）。

英盤ではありませんが、せっかくなので国内盤で最もレアな1枚をご紹介。ほんの数枚だけプレスされたものの、リリースされることなく終わった伝説のベスト盤です。世界でも書籍に掲載されるのは初めてですかね？　もし市場に出れば、少なくとも良い感じの国産車の新車1台分の値段はするでしょう……これぞ国宝盤！

　ポイントを絞ってお話ししたつもりでしたが、そこはレコード研究のトップ・プライオリティ、The Beatles。なんだかんだと長くなってしまったので、この辺りで止めておこうと思います。他にもジャケットやラベルに曲表記のミスがあったり、プレス工場の違いによりラベルの形状が異なっていたりもしますし、そもそもStereo盤やシングルだってあるワケで……そう、ここまではあくまでコレクター入門編なのです。

　果てなきコレクターの世界へようこそ！

16

「縦」、「横」、「円周」〜盤の傷を見抜け！

レコードって、ものすごいアナログ。便利極まりない現代のサブスクに比べると、ある種どうしても効率の悪いフィジカルメディアの親玉みたいな感じすらあるんですが、アナログであるがゆえに感覚的に分かりやすく、デジタルよりも話の通じる相手とも言えるのかもしれません。

さかのぼること二十数年前のことですが、レコードという存在に否定的ですらあった若かりし頃の私がいました。小さな頃

「レイメイ藤井 ハンディ顕微鏡DX」。今回はこちらを使用しました。高機能で2,500円もしないという恐ろしいコスパの本品、お世話になってます。

は普通に家にレコードがあった世代なんですが、なにがそんなに気に食わなかったのかというと、「CDと違ってバチバチッて傷の音がしたりするんでしょ？　そんなの嫌じゃない？」とまぁ別に間違っちゃーいないんですが、今思うと短絡的過ぎる考えを持っていました。

その後、自然な流れでレコードを手に取るようになった私は、みるみるうちにその魅力に取り憑かれて、一転レコード派に変貌を遂げたワケですが、ここでクローズアップしたいのはその「傷の音」。時折レコードの音を表現する際に、テンプレのような形で「プチパチ音が郷愁を誘う」なんて言われますが、リアルタイム世代なら多少

のノスタルジーこそあれど、大多数のレコード愛好家にそんな感覚はなくて、ノイズレスであるに越したことはないと思っています。だって、そうでしょ？

ということで、この項はレコードにとってどうしても避けられない、「傷」との上手な付き合い方の話。レコ屋で働く私が受ける質問の中でも特に多いのは、「この傷って音に出そうですか？」だと思いますが、どういうメカニズムで傷がサウンドに影響を与えているのかに迫ります。この記事をザッと読めば、今後はどういう傷は避けたほうが良いのかスッと分かるようになるハズです。

今、手に持つ盤がどれくらいのノイズを

含んでいるかを評価するにあたって、見るべきポイントというのがいくつか存在します。もちろん全部通しで聴けばどんな具合か一聴瞭然なんですが、普段レコ屋で買おうかどうかという時に、全てを聴いて判断するワケにもいきません。店によっては試聴時間の縛りがあったりもしますし、そもそも何枚かあったらとんでもない時間が掛かっちゃうというのもあります。さらに言っちゃえば、再生環境によって傷の鳴り方も違うものです。そういうこともあって、基本的には目視で状態を判断するんですが、プラスで特に気になる部分があれば、そこだけ部分聴きして塩梅を確認するのが一般的です。

また、レコ屋で商品カードとかに「EX」

もちろん直接のぞくこともできますが、こうやって同梱のアダプターをセットすれば、スマホで撮影できちゃいます。ほら、レコードの溝ってキレイでしょ？

とか「VG」といった「グレーディング」と呼ばれるコンディション表示があるのであれば、状態確認（「検盤」と言います）に不慣れな方でも目安になるので安心です。

なお、多くのレコ屋ではこの状態表記を目視を基本とした評価方式、通称「ビジュアルグレード」を採用しています。中には全部通しで聴いて評価する、「オーディオグレード」を行っている懇切丁寧なレコ屋もあります。少ないですけどね。

このグレーディング、世界的にレコード共通言語として使用されてはいますが、どの店に行ってもその表記があるかというと……それはいろいろと事情が異なります。というのも、日本でこそ（まぁまぁ）一般的ですが、海外ではめちゃくちゃ少数派なんです。

あと、ある程度慣れている方は、表記があっても自分自身でも検盤をしたほうが良いと思います。別に店を信用してないというワケじゃないんですが、グレーディングって個人差があって難しいんですよ……。

重要なのは傷の「種類」

では、見るべきポイントを押さえていきましょう。

ポイントは大きく分けると、「盤面」「スピンドルマーク」「反り」の3点。そんなにあるの……とため息を付く気持ちも分かりますが、慣れてくるとササッと数秒見ただけでも大方の判断は付くようになります。1つひとつを掘り下げながら解説していきたいところですが、かなり話が長くなってしまいますので、ここでは一番肝心要な「盤面」について解説させていただきま

す。盤面でのチェック・ポイントは、傷の形状と量、そして盤表面の輝き。まずはダイレクトにサウンドに影響を与える、傷についてご説明しましょう。

傷を確認する上で大事なのは、「深さ」と「角度」。針はレコードの溝に沿って動いていくワケですが、単純な話、その動きを邪魔するものがあれば、本来鳴るべきではない音、すなわち「ノイズ」となって私たちの耳をつんざくのです。ね？ アナログでしょ？

傷の「深さ」を確かめるのは比較的簡単で、目視で確認できる傷の部分を優しく指でなでてみましょう。その時にハッキリと凹凸が感触で分かるような傷の場合、通り道を邪魔された針は揺さぶられ、「ブツッ」とノイズが発生する可能性が考えられます。

そして、もちろんその傷は深ければ深いほどノイズも大きくなり、最悪の場合は針飛びを起こしてしまいます。さらに、そんな傷の深さも「角度」次第でサウンドへの影響が大きく変わります。ここでは特にチェックしておきたいパターンを、顕微鏡による拡大画像（次ページ）と共にご説明していきましょう。

■ 縦傷

ごく一般的な傷です。ノイズや針飛びが発生するかしないかは、その深さ次第。なお、この程度の深さであれば周回でノイズが鳴るものですが、これはそんなにヒドくなかったです。溝の掘りの深さしかり、いろんな要素が互いに作用し合っているのです。

ここに掲載した「縦傷」と「横傷」は、どちらもコイツから。基本美品なのに、嘘みたいに２本だけ深い傷があります。トホホ……。

ちなみに、触って凹凸が分からない程度の深さの場合は、傷ではなく「擦れ」と呼ぶのが一般的です。「バチバチッ」と耳触りに鳴るかもしれない傷に対して、まぁ許せる程度の「パチパチ」で済むかもしれないのが「擦れ」。この言葉の使い分けは結構重要ですよ！

■ 横傷

縦傷よりもサウンドに影響を与えやすい傷のタイプ。というのも針の進行方向と一緒であるがゆえに、針が傷に乗り上げて飛んでしまうことも少なくないです。

掲載写真の場合では、傷の深さ自体は終始変わらないんですが、縦から横に向いたところで針飛びを起こしてしまいました。しょんぼり。

■ 円周傷（溝傷）

最も厄介な傷がコレです。音溝に沿って円周状についた傷を指しますが、1960年

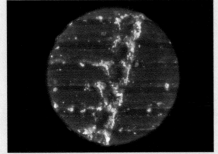

縦傷。少し深めです。

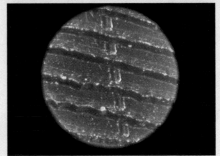

同じ縦方向でも、傷が浅ければ擦れと呼びましょう。

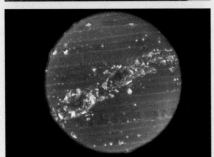

縦から入って横に深く抜けた横傷。

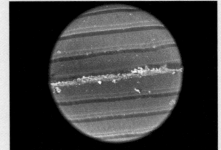

これが一番厄介な円周傷。溝と同化しているのが
分かると思います。

代に一般家庭で使われていた廉価なタイプのポータブルプレーヤーとかの、さらに針がバカになってるヤツでプレイして傷付いたというパターンが多いかもしれません。もちろん他の要因で発生することもあるんですが、そんな経緯もあって1980年代以降のレコードにはあまり見られないタイプの傷でもあります。

この溝傷の厄介なところは、針飛びの発生確率の異常なまでの高さ、そして傷の発見の難しさにあります。そんなに深さのない傷でも針はピョンと飛び、溝と同化してかなり見えにくくなっているものも多く、プロである私たちでも見落としてしまうこともしばしばです。

掲載した写真の傷はかなり分かりやすい例で、普通はもっと隠れています。とにかく発見の精度を上げるには慣れしかありませんが、今お伝えした前提知識を頭に叩き込んだ上で確認、そして疑わしきは聴いてチェック、それがベストでしょう。ちなみに、写真のものは「チッ」と1回鳴るだけでセーフでした。飛ぶ確率が激高というだけで、100％飛ぶというワケではありません。とにかく聴いて確認あるのみです。

また、発生箇所にはある程度の傾向があるもので、やはり最初に針を置くド頭に多いでしょうか。意外と最も見落としがちな部分でもありますので、注意してチェックをしましょう。

ノイズの原因は傷だけではない

続いて、盤面の輝きについて解説していきます。

どうも光沢感に欠け、なんだか曇り気味で元気のないレコードってあるものです。その実よくよく見てみると、細かい傷でビッシリ埋め尽くされていたり、溝が全体的にやられていたりと、さまざまなマイナスファクターが盤の表面上を鈍った見た目にするワケです。

もちろん音質もそれに伴って悪くなっていくのですが、そんな曇りのパターンの中でも一番抑えておきたいのが、みなさんお馴染み（？）の「塩ビ焼け」です。

塩化ビニール製であるレコードは、とある条件下のビニールと一定期間触れ合うと、「塩ビ焼け」と呼ばれる症状が発生してしまいます。症状としては盤面が白く変色（変質）してしまうのですが、その部分は「サー」という大きめのノイズが発生してしまい、リスニングへの影響は大きなものとなります。温度や湿度、時間や素材等、どういった条件下で発生するのかは正直ハッキリしませんが、いわゆる定番パターンが存在しますので、注意すべきものを列挙しておきましょう。

■ピクチャー盤

塩ビ焼け界の大定番。当然美しい盤面が売りのピクチャー盤、それを見せたいがあまり、ジャケの代わりに透明のアウター・ビニールに入れてしまったのが運の尽き。恐ろしいほど高確率で症状が発生しています。

しかも盤の色によっては、症状の有無がちょっと判別しづらいという罠もあります。近年のアウターの素材は意外に問題ないですが、念のためダイカット・スリーヴ等に

入れて盤だけ別保管が安全でしょう。

で、これだけでも覚えておきましょう。

■ Simply Vinyl

1997年創設、ロックファンには180g
重量盤仕様でお馴染みの英国発の再発レー
ベル。ジャケをさらにPVC製のアウター
に入れるというのが、彼らのある種のシグ
ネチャーなんですが、まぁこれがダメでし
たね……。ピクチャー盤と似たような原理
なんですが、ほぼほぼ塩ビ焼けが発生して
いて壊滅状態です。百歩譲って再発だけな
ら良かったんですが、ヴァン・モリソンの
1999年作『Back On Top』等、Simply
Vinylからオリジナル・アルバムをリリー
スしているパターンもあります。困ったも
んです。

　最後にちょっと深めの話をしていきまし
ょう。レコードって世の中、いろいろな形
で制作されているもので、明らかにやっち
ゃった仕様でリリース、後々に取り返しが
つかなくなったなんていう例も少なくあり
ません。ちょっと何例か挙げておきますの

この白く濁っているのが「塩ビ焼け」の症状。多
くの地雷盤をリリースしている、Recommended
Recordsからの1枚です。

■ Av/Pakジャケット

　Pentangleをはじめとしたブリティッシ
ュ・フォークの名作群、そしてプログレッ
シヴ・ロックの秀作も残した独立系レーベ
ル「Transatlantic Records」を筆頭に、一
部のレーベルで採用されていた、Sound
Packaging Partnership社製特殊ジャケ。
まぁ、これが悪評高いのなんのって……。
　次ページに掲載した写真を見てほしいん
ですが、これは袋状になっていない、つま
りレコードは入れられない見開き仕様のジ
ャケットの間に、プラスチック製のインナ
ースリーヴを半ば無理矢理、合体させてい
るんです。
　ただでさえヤバそうな仕様なんですが、
問題は取り出し口部分。右側からレコード
を入れるんですが、スポンジがついている
のが見えると思います。ちょっと欠損して
いるので分かりづらいですが、本当はビシ
ッと上から下まで付いているこのスポンジ、
ほぼ100%塩ビ焼けがパワーアップした
ような表面の変質を発生させてしまいます
（なお、ジャケットとの接合部に使用され
た、糊のほうも悪さをしているかもしれま
せん）。このAv/Pak製以外にも、元々の
仕様が悪くてこの塩ビ焼けの類が発生して
しまっている例がありますが、今現在の私
たちは潔く諦めるか、奇跡的に症状を免れ
た1枚を探すしかありません。
　以下そんな「地雷盤」の一例を挙げてお
きますが、そんな経緯もあるので症状のな
いものはグンとプライス・アップを果たし

コイツのせいで、盤面が変質を起こしてしまいます。

ブリティッシュ・フォークの至宝盤、Folkal Point 『s.t.』も悲しいかな持病持ち。

ます。お覚悟を！

■ Colosseum『Colosseum Live 』（UK Bronze/ICD1）
■ Jan Dukes De Grey『Mice and Rats In The Loft』（UK Transatlantic Records/ TRA 234）
■ Kaleidoscope『Faintly Blowing』（UK Fontana/STL5491）

　もう製造されてから50〜60年は平気で経っているものも多いレコード。そりゃ全く無傷のものって、そう簡単にありません。その現実も織り込み済みで、ちょっと針飛びしようがそのぶん激安でゲットするぜという方もいると思いますし、薄スレ1つも許さないミント・コレクターな方もいると思います。ただ、その時飛ぶのは針じゃなくて大金ですけどね！

　そう、大事なのは傷との付き合い方。結

局は自分ならではの距離感、つまり自分の傷の許容範囲を見つけておくのが大事なんです。

美品は「絶滅危惧種」

ところで、インターネット登場以降、レコードの研究は加速度的に進展を遂げ、オリジナル盤の細かな要件設定や、マトリクス等によるプレス時期の特定等、いよいよここまで来たかというぐらい、コダワリ出したら止まらないディープな世界線へと突入しました。

また、eBay等のネットオークションやDiscogsを中心とした、個人間のネット販売網も急速に拡がりを見せ、日々途方もない物量のレコードが飛び交い、以前では考えられないようなトンデモ盤（＝超絶レア盤）までもが市場に顔をのぞかせるようになりました。しかし、その反面、市場の活性化によってもたらされた反動ともいえる、コンディションが美しく保たれたレコード、つまり「美品」が露骨にその数を減らしていっています。

それもそのはずで、紙と塩化ビニールでできたなんとも頼りない円盤が、極東から南端まで世界中をグルグルと駆け巡り、いろんな人にペタペタと触られ針を落とされて、なんならレコードリテラシーに欠けるところにお嫁に行けば、雑に扱われて「美」が永遠に失われてしまうかもしれません。

コンディションとプライスは相関関係にあるものなんですが、そんな経緯もあって、今現在ではいわゆる「VG」から「MINT」に至るまでの値動きが、指数関数的な伸び率を見せるようになってしまったワケです。そう、美品は「絶滅危惧種」なんです。

とはいえ、そんな希少な美品だけを追い求めるのは、なかなかどうして時間とお金が許しません。現実的には状態を見極める力、つまり検盤力を磨き、経年劣化と正しく向き合う必要があるんです。この記事が少しでもアナタのお力添えになれば何よりです！

まずは検盤の際に最も重要なキーとなる「光」についてお話しさせていただきましょう。盤面についた傷やその他諸々の状態を確認するためには、盤面にさまざまな角度（これ大事！）から光を当てる必要があります。そうすることによって、傷の有無や溝の状態、この後に解説する盤の反り等が判別できるようになるワケです。

この時にポイントとなるのが、盤面を照らす光の元、つまり光源のタイプです。その強さや種類によって、ずいぶんと見え方が違うものなんです。

私たちバイヤーは、ありとあらゆる環境で途方もない数のレコードの検盤をしているということもあって、夜目が利くというか、めちゃくちゃ光源が悪い場所でも正しく検盤する術を身につけています。当然ながら、そうなるにはかなりの熟練が必要ですし、もちろん私たちとて良い感じの光があったほうが助かるに決まっています。

では、まず光の種類について整理しておきましょう。左に行けば行くほど傷が見えやすくなります。

白熱球 ＞ 蛍光灯 ＞ 太陽光

上写真は「Tomshine クリップライト」。今回はこちらをご紹介。下写真の高コスパな IKEA 製品も人気です。

白熱球は陰影が出やすいこともあって最も傷が見やすく、太陽光はいかんせん光量が不安定なので見えにくいことが多いでしょう。ただ、一番大事なのは光の種類よりも光量、要は明るさです。明るきゃ太陽光でもクッキリ見えます。擦れオンリーのようなコンディションの場合は、暗いと全部ピンピンの美品に見えちゃうので、いざ聴いてみたら結構チリつくな……なんていうこともあるかもしれません。

ということで、私たちレコ屋も含めて多くの人のスタンダードといえるのが、白熱球のスポットライトでしょう。60〜100wぐらい、できるだけ明るいほうが見えやすいです。一応ご参考までに、いろいろ踏まえた上で私が今使っているものをご紹介しておきます。クリップ型のスポットライトになりますが、電球はLEDになります。これはアーム部分をグニグニと自由に曲げることもできちゃいます。600ルーメン（50W相当）と白熱電球ほど明るくはないですが、十分な強さの光量で、かつ調光＆調色機能が付いていることもポイントです。

基本は暖色の明るさマックスで使用していますが、たまに色と光量を変えて意図的に見えにくくもします。見えにくい光の下でもハッキリ視認できるような傷は、それだけサウンドに影響を与えやすそうな傷という寸法です。そんな機能十分で見た目もシュッとした優れモノなヤツなんですが、2,000円を切るコスパの高さも魅力です。クリップタイプをお探しであればオススメですよ！

来歴を物語る「ヒゲ」

続いて検盤の際に見るべき3つのポイントの残り2つ、「スピンドルマーク」と

ヒゲが多いものは、プレイ回数が多い証拠。The Beatles だと、これぐらいは普通です。

「反り」について解説していきましょう。

その盤がどの程度のノイズを含むのかを確認するにあたって、盤面の傷の有無はもちろん大事なんですが、溝自体のコンディションも大事です。ただ、それを目視だけで確認するのは結構難易度が高いもの。そんな時に役立つのがスピンドルマークのチェックです。

スピンドルマークというのもなかなか聞き慣れない用語だと思いますが、レコードのセンターホール（中心の穴のこと）の周りに付いている擦れのことを指しています。ちなみに、スピンドルというのはターンテーブルの中心軸（真ん中の棒）のことです。なお、スピンドルマークは俗称「ヒゲ」とも呼ばれていますが、なんならここ日本ではそっちのほうが一般的な呼称かもしれません。

そもそもなんでそんな部分の擦れをチェックするかというと、レコードをターンテーブルに乗せる時の動作を思い出してみると分かりやすいです。丁寧な方はそっと、かつドンピシャでスピンドルにセンターホールを合わせてスッと通すものですが、あんまり気にしないぜという方は、適当にレコードを置いてグリグリと上から押さえつけながら、スピンドルを探すようにしてセンターホールを通すんです。まぁ、1960年代や70年代当時は、今みたいにレコードを半ば骨董品のような扱いをしていたはずもなく、あくまで普通の感覚でグリグリしていたと思いますけどね。

ということで、スピンドルマークを見るとその盤がどのように扱われてきたのか、ある意味「来歴」が読み取れるワケで

す。単純に擦れや傷みが多ければ多いほど、よく聴き込まれて溝が傷んでいる可能性があり、パチついたり音が歪んだりとノイズ成分を多く含んでいると推測されます。特に古くてポピュラリティーの高いレコード、いわば The Beatles のオリジナル盤みたいなものは、ヒゲのチェックはかなり当てになりますよ！

「反り」が致命傷になることも……

見つけづらさと針飛び発生率の高さから、先ほどその危険性をお話しした「円周傷（溝傷）」ですが、それに並ぶヤバいヤツにして、検盤の際に見るべき3つのポイントの最後、「反り」について解説いたします。「反り」ないし「盤反り」は、その名の通りレコードが変形して反り返ってしまったものを指します。次ページに掲載した上の写真を見てください。グイッと下方に反っているのがお分かりでしょうか？ これが音にどう影響するのかはさておき、確かに真っ直ぐじゃないというのは分かっていただけると思います。

では、角度を変えて撮影した下の画像も見てみましょう。どうですか？ 急に分かりづらくなりましたよね？ 同じ場所で角度を変えただけでこんな調子ですので、やっぱりいろんな角度から見るというのは大事なんです。

反りの有無を確認するには実際にプレーヤーで回してみるのが一番なんですが、それができない環境であれば目視で確認するしかありません。そのコツとしては写真のように水平にしてチェックするか、光をいろいろな角度から当てて光の歪みで判断す

るかですが……これがなかなかどうして難しいものなんです。

　この発見しづらさが反りの厄介なところなんですが、もっと恐ろしいのは３つのポイントの中でも、とりわけサウンドに与える影響が大きいことです。傷はいくら深くてもその箇所のみの影響に止まりますが、反りがキツイものは針がバウンドして、まともにプレイ自体ができません。ちなみに、この写真のものも外側は派手に針がダンスっちゃう、大部分はプレイ不可なものでした。チクショー！

　なお、反りと一口に言ってもいろいろな種類があるんですが、最もキケンなのが「部分反り」です。この写真のもののように全体が緩やかに反っているのではなく、一部分だけがポコっと反っているもので、最も気づきづらく、針飛びの可能性も高く、いかなる手段を用いても治すこともできない、そんな凶悪極まりない症状です。

　では、こんな（レコードにも持ち主にも）絶望的なダメージを与える反りですが、その発生原因はなんでしょうか？

　まず１つは「熱」です。レコードは塩化ビニール製なので、ホントに熱に弱いんです。やらかしの定番でもあるんですが、真夏の車の中にレコードを放置して、ちょっと買い物にでも出掛けてみてください……帰ってきた頃にはぐんにゃりと曲がってしまっていますから！　これマジで気をつけてくださいね！

　２つ目は、時間をかけてじんわりとかかり続ける「力」です。その中でも多いパターンは、レコードの積み上げとシールド品です。レコードを適当にポンポンと置いて

いろいろな角度から見る、それが一番大事。

積み上げていって、そのまま長時間放置しておくと、その重みによってじわじわと盤が反っていく可能性があります。

　それとある種同じような原理で、シールド品（米盤で多く見られるビニールで封された未開封品）もある程度のリスクがあります。1960〜70年代製のギュッとビニールでシールドされたものなんかは、長い年月一定の力が掛けられる格好となり、盤に反りが発生しているものも少なくありません。ただ、シュリンクが残っていても一度開封されたものに関しては、そこから新たに反りが発生するようなことはありません。ご安心ください。

　反りが発生してしまったものは、反りのメカニズムを逆手に取る、つまり反ってしまった部分に熱や力を掛け続ければ、治る可能性もある（部分反りは除く）といえます。それは専用機器からオールドスクール

とはいえ、抗い難い魅力に満ちたシールド。ややこしい造りのジャケほど入手困難です。

な手法までいろいろとありますが……それはまた別の機会にお話ししましょう。

　最後にお伝えしておきたいのは、どんなにポテンシャルを秘めている盤でも、状態が悪ければその真価を発揮することはないということです。検盤力の向上はレコードの状態を正しく見極め、より良く音楽を楽しむための手段ではありますが、検盤力を磨けば磨くほど、レコードを大切に扱おうという意識の向上にもつながってくるのです。

　日々失われていく有限のアーカイブたるレコードを大切に扱い、その素晴らしき音楽のバトンを後世へと繋いでいきましょう！

17

時を戻そう！ジャケット補修術

　2012年8月、スペインのボルハ市にあるミセリコルディア教会で起きた、「世界最悪のキリスト肖像画修復事件」。みなさんは覚えていらっしゃるでしょうか？結構な話題になったので、画像を見れば一発で懐かしさでいっぱいになると思いますが、キリストをまるでサルのように「修復」して、世界をいろんな意味で震撼させた事件です。

用意した道具は、（オイルを除き）全部100均で購入。

　修復を手掛けたのは、82歳のおばあちゃん、セシリア・ヒメネスさん。「あのおばあちゃん、あの後ムチャクチャな追求されちゃったりしたのかな？」と不安になったものですが、この事件の面白いところはその後になります。世紀のやらかしをしたこのおばあちゃん、しでかしたことのインパクトとなんとも呆けた絵面とのギャップが人を惹きつけたのか、期せずして世界の人気者になってしまいました。

　その絵はコップになり、パズルになり、Tシャツになり……気づけば世界中から教会に人が集まり、今や立派に地元を潤す強力な観光資源。終いにはおばあちゃんはポップアート界のアイコンとして祭り上げられたとさ……チャンチャン。という嘘みたいなホントの話ですが、こんな絵に描いたような怪我の功名みたいなケースは稀も稀

です。

　レコードの世界においても「修復（補修）」は、なんともリスキーな修羅の道です。常日頃レコードの価値付けを行うバイヤー業を営む私たちの世界においては、「下手な補修」は罪深き行為と断罪され、市場価値がグッと下がるというのが共通認識です。

　冒頭で言ってしまうのもなんですが、結論としては「何もしないほうがマシ」。別項でもお話ししましたが、一度失われてしまったコンディションは取り戻せないんです。ただ、確かにその通りなんですが、「上手な補修」は有限な文化財たるレコードを蘇らす、ポジティブな行為となることもあります。ただただ放置して朽ちていくのを見届けるのではなく、絵画も壺も寺も、

丁寧な補修を施しながら後世へと繋いでいっているのです。

　ということで、レコードを明日へと繋ぐための必修マナー講座、「レコード補修術」をお伝えしましょう。講座内容は「シール剥がし術」「底抜け補修術」「ジャケット美白術」の３つ。ジャケット補修に絞った内容となります。いずれもできるだけコストとリスクの低い補修術になりますが、大事なレコードを労る気持ちは絶対に忘れずに！

シール剥がしのテクニック

■補修術１：「シール剥がし術」

これは裏ジャケですが、今回はこのプライス・シールを取り除いてみましょう。

Zippoオイルとスクレーパー。専用のシール剥がし液でもOK。

必需品：100均スクレーパー／Zippoオイル

　ジャケットの表面にプライス・シールが貼られていることって多いですよね？1970年代リリース当時の小さな「＄」シールとかならあんまり気にならないことも多いですが、やたらと主張が強くてビジュアルを損なうものも少なくありません。

　そんな時は邪魔なんで気軽に爪でカリカリッと……ちょっとその手を止めましょう！　そのワイルドなスタイルでは、ステッカーの粘着度によってはジャケごとベリッと奪い去り、百歩譲って上手くいっても爪の引っ掻き跡が残ります。こんな時は正しい「シール剥がし術」を心得ておけば安心です。

　まず前提の話ですが、ジャケ補修において一番大事なのは、ジャケの仕様、そしてその素材を見極めることです。世界各国いろいろとバリエーションはありますが、基本的には国ごとに仕様が統一されています。その中でも最もポピュラーなのが「A式」と「E式」と呼ばれるものです。

　「A式」のAはアメリカのことで、その名の通り全米で広く採用されています。ただの白ジャケみたいな定型のジャケットの表裏に、印刷した紙をペタッと貼り付けるスタイルです。厚みはありますが、とにかく「紙！」という感じのざっくりとした質感が多いです。

　対して「E式」はヨーロッパ式。こちらは印刷した紙そのものを組み立ててジャケットに仕立てており、厚みはなくきめ細やかな印象です。どちらも似たような感じが

しますが、E式のほうが紙にいろいろと加工が施しやすく、デザインの自由度が高いため、エンボス、テクスチャー、変形とさまざまな仕様のジャケットが制作されています。

シール剥がしにおいては、どっちかというとA式のほうが厄介です。E式は「コーティング」という表面にラミネート加工が施されたジャケットも多く、その場合のシールはつるっと剥がれます。とにかく紙感が強いものに手を焼くのです。

では、補修術を紐解いていきましょう。まず用意する道具は、Zippoオイルと小型のプラスチック製スクレーパー。Zippoオイルのことはご存知だと思いますが、Zippoライター用のオイルで、コンビニで容易に入手できます。

スクレーパーは「へら」のことです。100円均一の店に行けば小型のものが数本セットとかで売っています。ちなみに、金属製のスクレーパーはジャケを根こそぎ持っていっちゃいかねないので使用不可です。

まずはオイルを患部（シール部分のこと）に塗りましょう。全体的に薄く塗る程度で大丈夫です。一般的にはそこから爪でカリカリが多いんですが、そこはこちとら補修術、ひと工夫凝らしてスクレーパーの登場です。掲載した画像のような感じでシールを取り除いていくんですが、ここで大事なのはシールの粘着部分ごと剥がしていくことです。

ただ、シールの上っ面だけがペロッとめくれて、長年を経て変質した粘着部分が残ることが多いもの。触ってみてまだベタベタしているような場合は、上の写真のよう

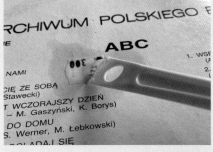

あくまで優しく丁寧に。プラスチックのスクレーパーだって、強くやれば下地を持っていきます。

にオイルを上塗りして、粘着部分を優しくこそげ落としましょう。また、シール自体がすんなり剥がれない時も、オイルを足しながら少しずつ剥がしていってください。焦りは禁物です。

あと、ジャケにZippoオイルを塗った時、一時的にシミのようになります。紙質によってはかなり目立つので焦りますが、よっぽどドボドボ塗らない限りはちゃんと揮発して見えなくなりますのでご安心くだ

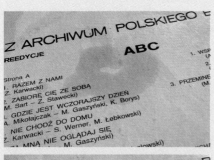

慣れて分かっていても心配になるシミ。大丈夫、直になくなりますから……。

さい。

ちなみに、世の中にはシール剥がし専用の液体も存在しますが、モノによってはちょっと成分が強過ぎるものもありますので、目立たないところで試しながら使うのがベター。でも、容器の先端がペン・タイプになっていて塗りやすかったり、オイルじゃ荷が重いものでもスルリと取れたりと、さすが専用液というものもあります。

また、あんまり私はやらないですが、ドライヤーで患部を温める方法もあります。これもケース・バイ・ケースで使い分けられればなお良し！

ジャケの底抜け補修テク

■補修術2：「底抜け補修術」
必需品：木工用ボンド

底とか天とか背とか、ジャケの抜けって精神衛生上よろしくありません。そして、抜けた状態で盤をそのまま入れておくと、その傷はひろがってしまうかもしれません。まぁ、盤を外に出しておけばいいんですけど。抜けの補修のポイントは、「E式は補修しない」です。

元々薄めの素材ということもあり、きれいな補修は難しいもの。さっきも書きましたが、下手な補修はそのレコードの市場価値を著しく落としてしまいます。ただ、そもそもE式は比較的抜け難い素材ではありますので、この補修術はA式に限った手法と思っておいたほうが良いでしょう。

ボンドの種類にも注意が必要です。もちろんいろいろと種類があるんですが、今回使用しているものと同じ「水性」にしましょう。プラスチックとかをくっつける「樹脂系」のボンドは、仕上がりの見た目が最悪になりますのでご注意ください。

また、今回はあくまで安さ重視で選びましたが、コダワリなアナタは造花とかに使う紙用のボンドがベストでしょう。ノズルも先細りしていたりと、使い心地もバッチリです。

では、まず成功のポイントとなる、「バリ」の有無を確認しましょう。とはいえ、世間的にはあんまり「バリ」なんて言わないと思いますが、掲載したアップの部分を（私的に）「バリ」と呼んでいます。当然といえば当然なんですが、バリがないとパーツ足らずできれいに補修ができません。まずはバリを丁寧に起こしてあげます。こんな時にも先ほどのスクレーパーが使えます。

それでは患部にボンドを塗っていきましょう。後からでも足せるんで、あくまで少なめの気持ちで。ちなみにコレ、ちょっと出し過ぎてます……。

バリを丁寧に閉じてあげて、平らに慣らします。無理矢理ギュッとピンチしたりすると、変に出っ張った形で固まってしまったりするので気をつけてください。素材が白い場合は、さらに追加で上からボンドを薄く塗って、指で優しく慣らしてあげると完成度が高まります。

施術対象はコレ。ジャケットの底が抜けてます。

コレが件の「バリ」。まずはこの部分を立ち上げます。

ボンドのはみ出した分はティッシュで拭き取ってあげましょう。

ただ、ここまで言っといて申し訳ないんですが、1人で写真を撮りながらやっていたら、今回はものすごい微妙な仕上がりになってしまいました。ただの言い訳なんですが、不器用な人間がやるとこの程度です。そう、補修って難しいんですよ……。

決して良い仕上がりじゃないですが、それでも見た目は改善していますよね？

「何もしないほうがマシ!?」

■補修術3：「ジャケット美白術」
必需品：消しゴム／メラニン・スポンジ

最後になりますが、これは痛みを修復するというよりも、アンチ・エージング的なジャケの蘇りを目指す術になります。ただ、あらかじめ念押ししておきますが、こちらはちょっとリスキーな作業になるのでやり過ぎは禁物です。でも、あまりにきれいになるので、ついついやり過ぎちゃうんですよね……。盤面の形に沿って、ジャケが円形に汚れたり痛んだりしている箇所をリング・ウェアと言いますが、この美白術はそんな時に効果を発揮します。

まず初手としては、消しゴムを使います。

汚れている部分に軽く消しゴムをかけていくシンプル極まりない作業ですが、効果てきめんです。

ここで注意事項です。この補修術は白地ではない、色が入った部分には使わないでください。リング・ウェアと一緒にジャケの色まで持っていかれます。ただし、コーティングのジャケは全然問題ありません。そう、素材の見極めが大事なんです。

今回の対象品は英盤のE式コーティング・ジャケです。ほら、黒ずみ（＝リング・ウェア）が消えているのが分かるでしょ？

そして、禁断の奥の手がメラニン・スポ

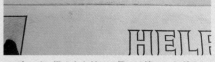

スポンジに軽く水を付けて優しく擦る、ただそれだけ。

Before **After**

左が Before。右が After。この裏ジャケの場合は、コーティングが施された折り返し部分にメラニン、コーティングのない部分には消しゴムをかけています。あくまで軽く。

ンジです。要はみなさんお馴染みの「激落ちくん」です。悪魔に魂を売り払ったかのごとく、その圧倒的な効果には目を見張るものがありますが、ここで必ず守っていただきたいことがあります。ポイントを箇条書きしておきましょう。

◎ E式コーティングにのみ使用。
◎ 水分を絶やさない（とはいえ、相手は紙なので付けすぎない）。
◎ 結局はただのヤスリ。

　この３箇条を守れば大事故にはなりませんが、結局はヤスリがけをしているに過ぎないので、やりすぎは厳禁です。基本原則として「1に消しゴム、2にメラニン」を守りつつ、素材によって使い分けていくのが良いでしょう。

　ここでご紹介した補修術はリスクを抑えたものとはいえ、いずれも一定のリスクは抱えています。結局、私の結論としては、最初にも申し上げた通り「何もしないほうがマシ」なんです。今回の私の補修自体、なんだか微妙な結果になりましたしね……。それでも「気になって夜も眠れないぜ！」という方は、今回の補修術を参考にしていただければ幸いです。では、より良いレコード・ライフを！

18

部屋とレコードと私

美しく収納することはレコード愛の表れ。ただ、何が恐ろしいって、これ全部 The Beatles のドイツ盤です。

レコードの大きな魅力のひとつとして挙げられるのは、「持ってるぞ感」を感じさせてくれるその大きさ。レコードに針を落とし、ジャケットを手に取り眺めながら椅子に腰掛ける。耳に流れ込む豊潤なサウンド、そして手に伝わる確かな重さと質感をまとった大きなアートワークが、ダイレクトに五感全てを揺さぶってくるのです。

ただ、その大きさがゆえ、枚数が増えるにつれて避けがたい問題が発生するんです

……。そう、それが収納問題です。10枚、20枚であればそっとオーディオの脇に置いてみたりなんていうこともできますが、それが100、1,000と増えていくにつれ結構な問題になってきます。

ということで、この項では個人的にオススメのレコード収納方法をお教えしましょう。なお、家が広過ぎて特に困ってないとか、レコード用に別宅があるとか、そういった余裕をお持ちの方は対象ではありませ

ん！

　まずLPレコードを収納する棚には、2大巨頭と呼びたい圧倒的なコスト・パフォーマンスを誇るものが存在します。1つはIKEAが販売するシェルフユニット・シリーズ、もう1つは（手前味噌ですが）ディスクユニオンが販売するレコードラックです。それぞれのポイントをご紹介していきましょう。

　IKEAのラックは以前は「EXPEDIT」、現在は「KALLAX」と名前を変えながら売れ続けているロング・セラー・アイテム。レコード専用のラックというワケではなく、本の収納からルーム・ディバイダーまで、多種多様な用途に使用されるものですが、そのサイズが実にレコードにピッタリだったというワケです。

　マスの内寸はW335×H335（mm）とカサ高いBOXモノも入るベスト・サイズ。色はバリエーション豊富で、定番の木目調やブラックから、グリーンやレッド等のカラーもの、さらにグロッシーなハイグロス・シリーズまで多種多様。さらにサイズは2マスから最大5×5の25マスまで多くの組み合わせが用意されており、部屋のさまざまなシチュエーションにフィットしてくれます。

　棚板の厚みも他類似品と比較しても十二分、にも関わらず値段も実にリーズナブル。4マスで5,999円、25マスで29,990円（いずれも2023年3月時点の税込価格＝以下同）と、他の追随を許しません。ちなみに、最もコスパが高く、海外でも愛好家が多いのは25マスなんですが、日本の家屋、特にワンルーム1人暮らしの方はち

憧れの自宅で壁面フェイス。

一般家庭でのIKEA「KALLAX」使用例。

レコードに適してないラックを使うと棚板がこんな感じに……。レコードって重いんです。

ディスクユニオン製レコードラック。2マスが一番売れ筋です。

本文ではシングル盤に触れませんでしたが、こんな収納の仕方もあります。

これもLPとは関係ないですが、最近見た中では特に心打たれた収納術です。これ、なんとMDなんです。

ょっと注意が必要です。当たり前といえば当たり前なんですが、W1820×H1820（mm）にもなる大きさの棚を組み立てるにはそれだけのスペースが必要です。1つひとつのパーツは結構な重量感があるので、棚サイズ＋人が壁との間に入れる分の床を空けて作業しなくてはいけません。

また、1人での組み立ても厳禁です。組み立て自体は簡単ですが、問題は組み上がった棚を起こす時。結構な力自慢でもこのハンパじゃない重さはさすがに厳しいでしょう。無理をすると身体or床がダメージを受けるのは必至、私のリアルな体験談です……。

部屋にマッチするラックとは？

では、ディスクユニオン製のレコードラックはどうでしょうか？　内寸はIKEAと同じW335×H335（mm）、色はウッド、ライト・ウッド、ブラック、ホワイトの4種、そしてサイズはIKEAとは少し異なり最小1マスから3×3の9マスまで。価格はIKEAより少し高めの9マスで34,021円となっていますが、IKEAを除けば他類似品と比較しても低価格といえましょう。

「じゃあ結局IKEAが一番じゃん」と思われるかもしれませんが、ちょっと待ってください。この2つには決定的な違いがあるんです。

まず一番の違いは、「背板」の有無です。IKEA製は前述したように元々レコード用というワケではないので背板が存在せず、ディスクユニオン製は背板付。そりゃ値段も少し違うワケです。IKEA製でも背面に

細い板を打ち付けて代用するなんていうこともできますし、そもそも背板なんてなくても平気さっていう方もいますが、これは1つ大きな違いだと思います。

そして、次はサイズです。確かに内寸は一緒なのですが、外板もほぼ均一なディスクユニオン製に比べて、IKEA製は外板に厚みがあります。これが何に繋がるかというと、買い足しの際にはちょっと注意が必要ということです。あまり深く考えずにいろいろなサイズをちょこちょこ買い足していくと、厚みがある分どうしても見た目が歪になったりするというワケです。結局どっちが良いのよってな感じですが、ご自身の部屋の都合に合ったほうがオススメと言えましょう。

個人的にIKEA製の魅力は、やっぱり高いコスパを誇る4×4マスや5×5マスの大型サイズだと思います。

そして、ディスクユニオン製の魅力は、1マスや2マスの単位で組み上げる自由度の高さ、さらにやっぱり安心の背板付というところにアドバンテージがあると思います。あと、ディスクユニオンではレコードラックの最終形態でもある、「フラップ扉付」なるものもご用意しております。開閉式の蓋が付いているので、これさえあればレコード・コレクターの天敵である「背焼け」も防げるワケです。あっぱれ。

レコード、特に貴重なオリジナル盤なんていうものはもはや有限な文化遺産。買って手に入れたからって、何したって良いというもんじゃないと思います。

私なんかは手に入れてもあくまで一時的に自分の元で預かっているという感覚で、大事に扱って後世へと受け継いでいこうという気概があります。みなさんもレコード好きであれば、保管には万全を期してこの素晴らしい文化を繋いでいこうじゃありませんか！

大事なレコを守るためには？

レコードの生産数が右肩上がりに増えている、今日この頃。こんなにITでデジタル全盛な時代に、アナログの復権が声高に叫ばれています。アナログ・メディアを愛し、それで商いもさせてもらっている私としては、言うまでもなくウェルカムなこの状況ではありますが、中古品、特に数十年の時を経た、ヴィンテージなレコードをメインに取り扱っている私としては、どーしても気になることがあるのです。

そう、それはレコードの取り扱われ方です。私もこの業界の20年選手、本当にいろいろな取り扱われ方をしたレコードたちを見てきました。盤でフリスビーしたのかというぐらい擦れ擦れのレコードとか、盤を取り出すと一緒に黒い悪魔がコンニチワ

アセテート盤なんて本当にセンシティブ。保管は十分に注意しましょう。

するもの（普通に「ワッ」っと声が出ます）とか、そんなの日常茶飯事です。

やっぱりレコードってアナログでフィジカルがゆえ、最大の天敵は経年劣化。1960年代や70年代に生まれたレコードたちをみんなが今こうして目一杯享受できているのも、過去の（意識の高い）先人たちが大事に取り扱ってきてくれたからでしょう。

そんなサバイヴしてきたヴィンテージはもちろんのこと、今の流れに乗ってリリースされている新品レコードも、「俺が買ったものだし」的に雑な扱い方をしてしまえば、ちゃんとした形で後世に受け継いでいくことは叶いません。何度も言うように、一度失われてしまったコンディションは取り戻せないのです。

だからこそ私は、みなさんが常日頃どんなレコードの扱い方をしているか、気になって仕方がないんです。特に最近は、新しく買い始めた方も多いと思います。後世のためにも微力ながらお役に立てれば……と

そんな気持ちになったので、ご自宅での収納術に続いてレコードのケアには欠かせない、「レコード・アクセサリー」も一緒にご紹介します。

どんなことでもそうですが、ちょっとした心掛けで全然違うものなんです。末永く状態を保てるのはもちろん、なんなら状態がイマイチなヤツでもビシッと見た目も整って、なんとも愛せる1枚に早変わりしちゃうかもです。

そもそもですが、レコード・アクセサリーって、ご存じでしょうか？　レコードの盤を入れて保護するための半透明のビニールとか、無地のジャケットの代わりみたいなヤツとか、レコード周りの便利グッズのことなんですが、レコードを内から外から守ってくれるなんとも頼もしい存在なんです。アクセサリーと一口に言っても、ものすごくいろいろなタイプの商品がありますので、今回はジャケット関連のアクセサリーにスポットを当ててご紹介させていただきます。

そんな中でもとにかく一番重要で、「まずはコレ！」というのが「塩ビ」でしょう。塩ビは「ポリ塩化ビニール（PVC）」の略語なんですが、細かいことはさておき、レコード業界的にはいわゆる「ビニール・カバー」のことを指します。ただ、塩ビ自体も俗称（業界用語？）ではありますので、ビニール・カバーはもとより、「外袋」とか「保護袋」とかいろいろな呼ばれ方をされているとは思います。

あと、一応細かいハナシもして

Bob Trimble『Harvest of Dreams』。大事なコイツをどう保管するか、それが問題です。

おくと、「塩ビ」と呼ばれるだけあって素材はPVC製もありますが、現在ではPP（ポリプロピレン）やOPP（オリエンテッドポリプロピレン）が主流です。ちなみに、PVCはレコードそのものの素材でもありますね。

買ったレコードを裸のまま棚に入れる、そんなワイルドな方もいますが、ロックとかジャズとかがお好きな方はこの塩ビにレコードを入れて保管するのが定番です。ジャケットを擦れや汚れ（今は少ないかもしれないヤニ汚れ等）から守ってくれたり、ピシッと綺麗に並んでいるとやはり精神衛生上もよろしいワケです。

もちろん塩ビと一口に言ってもいろいろと種類がありますので、実物の写真を交えながらご紹介していきましょう。ここでは画像を掲載した4種の塩ビを比較してみます。

さまざまな種類の塩ビを比較検討

着せ替えのモデルとなるのは、再びSoft Machineの記念碑的デビュー・アルバム『s.t.』です。なんでこのアルバムを選んだかというと、前述のように「ギミック・ジャケット」と呼ばれる特殊な作りになっているからです。本作はLed Zeppelin『III』と似たタイプなんですが、取り出し口付近の丸い部分を回すと、ギア部分がグルグルと回る遊び心が効いた仕様となっています。

こういう手の込んだジャケってレコードの醍醐味の1つなんですが、裸で棚に直入れすると、いかにも引っ掛けちゃいそうな感じですよね？　やっぱり大事なレコを守るためには、塩ビが必要なんです。

■ LP用ビニール・カバー

ということで、まずはこちら。王道中の王道にして、THE普通。これを基準にして語っていきましょう。

■ LP用ビニール・カバー（縁なし）

これは似たようで結構違う、「縁」のないバージョンです。

急に「縁」とか言われてもワケわからないと思いますが、普通のものは底部分を圧着して止めてカットしているため、ちょっとしたハンパができているんです。それを「縁」と呼んでいるんですが、ピンと来ないと思うので画像をじっくりご覧ください。次ページの左の画像が「縁あり」、右の画像が「縁なし」です。ね、違うでしょ？「で、これがなんなのよ？」っていう感じかもしれませんが、実際に棚に入れると違いが丸わかりです。

「縁あり」は縁が邪魔して、どうしても底部分がもたつきます。それに比べて「縁なし」は実にスマート。まとまって並ぶと、さらに際立つと思います。

また、縁だけじゃなくて、他にも細かく違う点があります。ちょっと画像だと分かりづらいかもしれませんが、「縁なし」のほうが若干厚みがあって、少しリッチな感じがします。

とここまでくれば完全に「縁なし」の圧勝感がありますが、「縁あり」にも長所はあります。

まずはお値段です。せっかくなんで当社

■ LP用ビニール・カバー（縁あり）

■ LP用ビニール・カバー（縁なし）

ディスクユニオン製での比較ですが、「縁あり」が330円、対して「縁なし」は385円。共に10枚セットの値段です。ちょっとした差かもしれませんが、こういうのってボディー・ブローのように効いてくるものです。

　あと、サイズ感も少し異なります。「縁なし」は若干タイト目な作りになっている

ため、そのフィット感がさらなるビジュアルUPに貢献しているともいえるのですが、2枚組のレコードの中でも特にゴッツリと肉厚ジャケ仕様なものとかは、入り切らないこともあります。無理して入れようとすると、横の部分がピピーッと切れちゃいます。

　で、「結局どっちが良いの？」という話

上から縁あり、縁なし、縁なし遠景。

上が縁ありで、下が縁なし。縁なしの方が若干パリッとしています。

なんですが、個人的には「縁なし」をオススメします。やっぱりバチッと収まりが良いですし。ただ、どちらにしてもレコードを守る防御力は変わらないのでご安心を。

ヨーロッパ圏の塩ビもどうぞ！

　次にご紹介するのは、日本では馴染みこそ薄けれど、ヨーロッパ圏ではポピュラー

な2種類の塩ビです。

　正式名称は知らない、というか元々特にないと思いますが、次ページの左の画像が「（ヨーロッパ式）ふにゃビ」、右の画像が「（イギリス式）硬ビ」です。お察しの通り、この呼び方はただ私が言っているだけの俗称中の俗称ですので、他の人に言っても通じませんよ……。

■「（ヨーロッパ式）ふにゃビ」

　「ふにゃビ」はその名の通りふにゃふにゃで最も柔らか仕様な塩ビで、素材も白濁している（日本人からすると）変わり種です。

　ヨーロッパ圏で人気の理由としては、ま

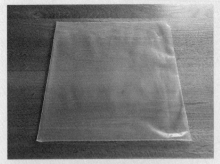

■ヨーロッパ式「ふにゃビ」

■イギリス式「硬ビ」

ずレコードにとことん優しい柔らかさと、透明度が低いからこそのメリットです。白く濁っていると多少のジャケのスレや傷みは覆い隠され、気のせいか高級感も漂いっちゃいます。個人的にも結構お気に入り！この画像のものはペラペラですが、もっと厚みのあるタイプもあります。

■「（イギリス式）硬ビ」

最後に紹介するのが、もっともハードな素材で作られた「硬ビ」。シンプルに硬いので、擦れや傷にはめっぽう強く、角打ちもシャットダウンしてくれる心強い仕様となっています。ただ、デメリットとして硬すぎるがゆえに、いざレコードを入れる時

に硬ビのエッジがジャケの角をエグる時があります……メリッと。

あと、レコードの扱いにこなれた方であれば共感していただけると思いますが、いかにも「塩ビ焼け」が発生しそうな素材感でもあります。実際にはそんなでもありません（ゼロとは言えません）が、イギリスらしいコーティング仕様のジャケットが、へばり付いているのはよく見かけます。ちょい不安……。

また、イギリスの多くのレコード屋で採用されているこの硬ビ、パタパタしてるとまぁー手が痛いのなんのって。硬ビ特有のナイフ・エッジが手を痛めつけてくるんです。家で使ってる分には、もちろん大丈夫ですけど。

ちなみに、この硬ビもマイナー・チェンジされていろいろと種類があるんですが、他の塩ビにはないゲートフォールド・スリーヴ（見開きジャケット）用もあります。開いても硬ビに包まれたままという気の利いた仕様です。

最後になりますが、私が自分のコレクションの中でも、特に可愛いヤツはこうしてるという、オススメのアクセ使いをご紹介しておきましょう。

ここで活躍するのが「LP用保護プレート」、通称「プラ板」です。こいつをジャケの上に重ねてから、セロパック（糊が付いているビニール・カバー）で一度完全パック。盤はダイカット・スリーヴに分けて入れてあげて、最後の仕上げにジャケとダイカットをニコイチにして「縁なし」塩ビに入れて、出来上がりです。もし手が滑って落としたところで、どうにもならない鉄

これがセロパック。塩ビとは異なる密閉式です。ちなみに横がけ派と縦がけ派がいますが、私は横がけ派。

壁仕様です。まぁ、結構な重量感になりますが、それもまた調子良し！

どんなにアナログ・メディアが好きな方でも、いやかえって好きだからこそ、ジャケがスレスレだったり、音がバチバチだったりするのって気になるもの。「別に自分のレコードぐらい好きにするわ！　大きなお世話だ！」なんて方もいるかもしれませんが、チョット待ってくださいよ。

先ほども書きましたが、レコードって、買ったら100％自分のもので、何したって自由というワケでもないと思います。いつか自分の棚から巣立っていき、人から人

プラ板をかました鉄壁仕様の一例。

へと聴き継がれ、誰かの人生を丸ごと変え
てしまうかもしれません。そう、自分がそ
うだったように。

　これから先また数十年と、この素晴らし
い文化を脈々と繋いでいこうではありま
せんか！　合言葉は「STOP THE 経年劣
化」！

ロンドン郊外のディーラーを訪問

Soft Machine のレア・ポスターが良い味出しています。

　レコードの海外買付というと、どんなところに行くのか想像できるでしょうか？

　もちろん世界各国のレコード屋やレコード・フェアなどもありますが、レコード売買を生業にするレコード・ディーラーの自宅に訪問する場合もあるのです。この項ではインターネットで何でも調べられる現在でもそうそう見ることはできない、「本物」のレコード愛に溢れたディーラーのお宅をご紹介しましょう。

　どんな家に住んで、どんな暮らしをしているのか、日本に暮らす私たちにとっては、イメージの湧きづらい海外のディーラーたちの生活実態。レコードのことしか考えていないコレクターの最果て的超絶汚部屋から、本業は建築デザイナーのディーラーが造るアーティスティックな住宅まで、数多のお宅を訪問してきた私がその生活の一端を紐解きます。レコードに取り憑かれた方はもちろん、単純に海外の家にご興味のある方まで、とくとご覧あれ！

築千年の歴史ある建物、そこには……

　ご紹介するのは、ロンドンから電車に乗ること小一時間、駅から車で10分の距離にある、小さな町にお住まいのRさんのご自宅。Rさんは御年70を超えるベテラン・ディーラーで、この自宅を拠点として週末はレコード・フェアに行ったり、長いキャリアを活かしたビッグ・コレクションへのコネを使ってレコードを仕入れたりしています。

　販売スタイルは実にオールドスクール。ebayやらDiscogsやら、大半のディーラーがやってそうなネット販売はお断り。さらには海外ディーラーの定番、フェア行脚での販売やレコ屋への卸販売もしていません。「じゃあどうするのよ？」って感じですが、直接自宅でのフェイス・トゥ・フェイス販売だけをするのです。このようなディーラー間だけのクローズドな販売方法は確かにデメリットもありますが、「信頼」

1000年の時を耐え抜いてきた、重厚が過ぎるお宅。玄関にはオウムもお住まい。

という大きなメリットも生みます。

　それでは、お宅にお邪魔しましょう！まず外観は結構なんの変哲もない小さなレンガ造りの家という感じもしますが、いくつかの家が組み合わさった造りとなっています。なんとこの家が造られたのはさかのぼること1000年前、10世紀に建てられた家なんです。めちゃくちゃ古いですが、こ

とイギリスでは決して少なくないと思います。日本はいうまでもなく他ヨーロッパ諸国に比べても、イギリスは圧倒的にヴィンテージな建物の割合が多いのです。ちなみに、Rさんはこの家を代々継いでいるワケではなく、自身のライフスタイルにジャストなこの家に一目惚れして、20年ほど前に手に入れたそうです。

　重厚な木製の扉から入ると、玄関横からオウム君がお出迎え。もう1枚の内扉を抜けると、エントランス・ルームとなっています。左手に進むとご飯を食べるダイニング・ルーム、奥に進むと本物の暖炉が鎮座するくつろぎ部屋。孫たちがここで遊んでいたりなんかもします。

　さらに奥に進むと、いよいよお待ちかねのレコード部屋です。ちょっと全景が分かりづらいかもしれないですが、だいたい10畳ぐらいの広さにレコードが詰まっています。

　ここがメインとなるレコ部屋で、特に高価なものを保管しています。貴重なメモラビリアの数々が壁を飾り、仕事用のデスクも備えられています。チラッと見えますが、各々のレコードにはコンディションやプライスが記載された付箋が貼られており、バイヤー側としては話が早くて非常に助かります。

　というのも、こういったプライスが付けられていないことも決して少なくなく、散々選び抜いた後にプライス面で全く折り合いが付かず、数時間が徒労に終わる（プラス険悪なムード）……なんていうこともあったりするからです。明朗会計バンザイ！

レコ好きの琴線を震わせる、秘密の穴倉みたいなレコード部屋。置いてあるもの全てにセンスを感じます……。最高！

　ちなみに、試聴用に設置されたプレーヤー周りは、ブリティッシュ・オーディオの大正義、Lin Sondek LP12 と Naim Audio の NAC72＋NAP140＋HiCAP の組み合わせ。やっぱりイギリス人は Linn と Naim Audio の組み合わせが多く、逆に McIntosh のような米製オーディオを導入しているディーラーを見た覚えがありません。まぁ、あくまで私が見た範囲の話ですけど。

古き良きものを受け継ぐ国民性

　今度は 2 階にある納屋にお邪魔しましょう。暖かい陽が射す廊下を抜けて階段を上がると……1 階よりもさらに多くのレコードがある納屋に到着。ここにはレギュラー盤に加えて多くのレア盤も収納されていますが、新着メインの 1 階に対して、A-Z 順に並べられている納屋では、店に不足し

ている在庫を補充するのにピッタリです。いろいろな趣味のものが散乱していますが、Rさんはミュージシャンでもあるのでさまざまな楽器や機材も保管されています。

ここまでで3時間強。しっかり良いものをピックできたので、コーヒーブレイクしながら最終的な価格交渉。そして、最後にトイレをお借りして、「ふむふむ、今日も良いものが買えたぞ」と一人用を足しながらほくそ笑むのです……。

Hapshash & The Coloured Coat のボブ・ディランのポスターに始まり、トイレの装飾にもRさんらしいこだわりが見られますが、多くのヴィンテージ・ポスターの中に孫の絵も額装してサラリと飾ってみせる、そんなクールっぷりも忘れません。

レコードやら楽器やらが溢れかえる2階の納屋。

トイレ周りの装飾も抜かりなし！

つとしてレコードとの距離感の違いが挙げられると思います。

　イギリスではレコード文化が今も変わらず根付いていて、私たちのような好き者だけの楽しみという感じではなく、老若男女分け隔てなくレコードを楽しんでいる印象です。この感覚は現地のレコ屋やフェアに行けば、一発で分かっていただけると思います。

　考えてみれば1960年代や70年代当時はそれが当たり前だったワケですが、Rさんのお宅のように古き良きを受け継ぐ国民性だからこそ、今もこうしてレコードが愛され続けているのかもしれません。んー、私たちもこうありたいですね！

　みなさん、いかがでしたでしょうか？海外のディーラーの家の中なんて、なかなか見たことがないですよね？ Rさんの生活環境が海外ディーラーのステレオタイプとは言い難いですが、他に本業がなくこの立派なお宅を維持できるというのは、ここ日本ではちょっと考えられません……。理由はいっぱいあると思うんですが、その1

20

"夢の国" レコード・フェアへ行こう

オランダはユトレヒトで開催される「ARC Record Planet Mega Record & CD Fair」の会場内。

　近年ここ日本でも広がりを見せつつある
レコード・フェア、みなさん行かれたこと
はありますでしょうか？
「長年思い描いていたあの１枚が出てく
るかも……」、「間違ってレア盤が激安で転
がってないかな……」、「お！ これ持って
るけど、こっちはシュリンクがかかってる
し押さえておこう……」 なんていう感じに
いろんなことに思いを馳せながら大量のレ
コードを思う存分掘り尽くす、レコード好
きはテンション上がりっぱなし必至な最高

のパビリオン、それがレコード・フェアで
す。
　日本国内では東京浅草を始め全国７都市
で行われている国内最大規模のレコード・
フェア「全日本レコード・CD サマーカー
ニバル」を筆頭に、レコードだけではなく
アパレルや飲食、そして有名 DJ のプレイ
も楽しめる野外フェア「TOKYO RECORD
MARKET」等々、大小さまざまなフェア
が開催されています。私たちディスクユニ
オンも不定期ではありますが、東京や大阪

でフェアを開催しています。

では、本場ともいえる海外でのレコード・フェア事情はどうでしょう？ 最大のマーケットでもある英米を中心に、各国でもさまざまなフェアが開催されていますが、やっぱり日本に比べると規模や濃密度がハンパじゃありません。イギリスなんかでは、地元のおじいちゃんおばあちゃんの寄り合い的なほのぼの木漏れ日フェアから、生き馬の目を抜くような百戦錬磨のプロだけが集う鉄火場フェアまで、"毎週末"必ずどこかでフェアが開催されているものです。

そんな各国各地域で開催されているレコード・フェアの中でもとりわけ大きな「世界4大フェア」と呼ばれるものをご存知でしょうか？ 米テキサス州オースティン開催「The Austin Record Convention」、米N.Y.ブルックリン開催「WFMU Record Fair」、英ロンドン開催「London Music-mania (Olympia Record Fair = 2017年に終了)」、そしてオランダはユトレヒトで開催されている「ARC Record Planet Mega Record & CD Fair」の計4つのフェアです。

ということで、この項ではその中でもブッチギリの最大規模を誇る＝この地球最大のレコード・フェアである、ユトレヒトのフェアをご紹介しましょう。

ありとあらゆるものが並ぶ様は、まさにレコード・パラダイス

ユトレヒトは、アムステルダムやロッテルダムに続くオランダ第4の都市。有名なものといえばミッフィーぐらいで、アムステルダムほど観光地感はありません。た

だ、かのフェアの存在により、私たちディガーにとってはレコード版・某なんちゃらランドというぐらい夢に満ち溢れた街なのです。

開催は4月と11月の年2回、いずれも週末2日間の開催となっています。また、この期間に合わせて駅周辺等でもレコード・マーケットが開催されたりもしますし、もちろんアムステルダムにはレコード屋も数多くありますので、そちらも合わせて周るのも良いでしょう。でも、本丸のフェアはそんな気を起こさせないぐらいに巨大です。いやホント。

2017年11月に終了した英国最大のフェア「Olympia Record Fair」。なんだか寂しかったので最後の姿をパシャリ。

「ARC Record Planet Mega Record & CD Fair」が開催される会場「Jaarbeurs」の全景。

会場の名前は「Jaarbeurs（ヤーバース）」。ユトレヒト中央駅の目の前です。広さはちょうど日本でいうところの幕張メッセのような感じですが、さらに巨大。その中の大ホール2つ分を使用してフェアが開催されています。

ちなみに、同期間で他全てのホール（レコフェアの約3倍）を使用したメガ・サイズのアンティーク市が開かれていますので、そちらものぞいてみると良いかもしれません。貴族が使ってそうな銀製スプーン

から、高さ5mはあろうかという部族の木製彫像まで、もうなんでもありです。ただ、ちょっとのぞくなんていうサイズじゃありませんが……。

会場はざっくりとゾーン分けされていて、ロック〜プログレ〜サイケをメイン・ジャンルとして、ソウル〜ジャズ、メタル等がまとまって展開されています。

とはいえ、王道以外にもノイズからタイ・ファンクまで、幅広いジャンルの専門ディーラーも出店。さらにはヴィンテージ・ポスター、各種専門書、レコード・クリーナー、アクセサリー、なんならシングル用の「リプロ」カンパニー・スリーヴまで、レコードにまつわるありとあらゆるものが並んでいるんです。まさにレコード・パラダイス！

これだけのためにオランダへ行く レコード好きであれば大正解

その膨大なレコードたちの肝心の内容といえば、もう頭がクラクラするほどのレア盤の雨あられ。ここに至っては、伝説とか幻なんていう枕詞が陳腐に聞こえるほどに、世界のトップ・レア盤が一堂に集結しています。ただ眺めるだけでも目の保養（もしくは度が過ぎた刺激）になるでしょう。

さらにユトレヒトが他フェアと大きく異なるのは、レコードだけではなく同じ会場内でいろいろなイベントが開催されているところです。特設ステージでは Supersister がライ

こちらも「ARC Record Planet Mega Record & CD Fair」の会場内。広さが分かりづらい写真ですいません……。

ストールの基本はエサ箱と吊るし壁がセット。

レジェンドだってレコードが好きなら、足を使ってフェアに行く。それにしても自分で自分のレコードを掘るって、ある意味シュール。

ヴを行い、ステージ脇で Cosmic Dealer がサイン会をして、その向かいでハンス・ポコラ氏が本の手売りをする、そんな感じです。分かる人には分かる、ヤバすぎなヤツです。

　さらにオークション・ルームも設置されています。今やオークションといえばヤフオク！やらebayやらのインターネット・オークションが主流ですが、こちらはハンマー・プライスな本物スタイル。会場内でバチバチの一騎打ちがあったり、高額落札があると自然に拍手が湧き起こったり、リアルな現場でのみ体感できる血湧き肉躍る最高のイベントです。

　競売にかけられるものも Sex Pistols の A&M 版『God Save The Queen』やら、デヴィッド・ボウイ『Scary Monsters』のパープル・ヴィニールやら、目ん玉が飛び出すクラスの廃盤が飛び交います。2018年はピーター・フックの Joy Division コレクションが一斉に競売にかけら

れ、話題を呼んだりもしました。

　もちろん飲食も充実。ご当地飯定番のコロッケ、めちゃ甘いベルギー・ワッフル、そしてやっぱり飲みたいビール、いろいろご用意あります。でも、へべれけになるといろんな意味でヤバいので、ご注意あれ。

　この規模だからこそ実現し得る、これぞまるごとディガー夢の国、ユトレヒト・フェア。どうでしたか？　行きたくなりましたか？　これだけのためにオランダへ行く、レコード好きであれば大正解。ただ、調子に乗って買いすぎて、帰国してから奥様にめちゃくちゃ怒られても責任持ちません。あしからず。

※追記：2023年現在、このフェアはユトレヒトから30分ほど離れた都市、スヘル

サイン会 by ピーター・フック。

Joy Division『An Ideal For Living』のメンバー "全員" サイン入り。Amazing!!

トーヘンボスへと移転しました。規模感は変わらないので、ぜひ一度行ってみてください！

レコード・マーケットもチェック！

ところで、みなさんはどうやってレコードを探されているでしょうか？　もちろんお住まいの場所とか、周りの環境によってもかなり変わってくると思いますが、大半の方はレコ屋かネットかの二択が多いのかなと思います。

今でこそ観葉植物の１つでも植わってそうな、シャレオツなレコ屋も少なくないんですが、オールドスクールな（特に東京の）レコ屋は、雑居ビルの上階にあったりなんかします。いわゆるマンション一室系というヤツですね。そんなレコ屋って、初心者を遠ざけ倒すような怪しいアングラ臭がムンムンで、そこで一心不乱にレコードを掘っていると、自分もなんだか日陰者的な気すらしてくるワケです……。ただ、その類の店に背伸びして通っていた若かりし頃は、そんな自分が誇らしかったりもするもの。「俺も一人前のディガーに仲間入りだぜ」ってな感じです。

ここで押さえておきたいのは、その時緊張しながら買ったものは、不思議と忘れずに頭に刷り込まれているということです。買ってから10年後、その時のレコードに針を落としてみれば、たちまちあの店の雰囲気や臭い、そしてあの時交わした数少ない言葉や、欲しいレコを見つけた時の高揚する気持ちが、まるで真空パックされていたかのように生々しくフラッシュバックするんです。そう、そのレコードからはサウンドと共に体験が溢れ出してくるのです。

対して、ネットでの購入はとにかく効率の良さが長所です。ここ20年の間、インターネットは飛躍的な進化を遂げ、自分の部屋と世界を容易に繋ぐことを可能にしました。今やたった１台のスマホを持ってさえいれば、かつてどれだけ足を棒にしても叶わなかった、掘りの速度と深度が実現するワケです。さらに、膨大な情報のインタラクティブな共有により、別項で触れたラベルやマトリクス等々の細かい情報の研究が急加速し、廃盤市場の価値観を根底から覆してきました。

ただ、これってレコード体験としては、なんだか少し薄味な気がするのもまた事実。ポチって買って、いざ届いても、手に入ったこと自体に満足してしまって棚にそっと閉まって終わり、なんていうことも少なくありません。え？　私だけ？　いやいや、心当たりあるでしょ？

まぁ、結局は使い分けなんですが、この二択とも少し違った掘り方をしてみると、また新しい音楽との出会いがあったりするかもしれませんよ。ということで、続いては国内外さまざまなマーケットに行ってきた私が、日本と海外から選りすぐった２つの会場をご紹介します。さぁ、レコバックを肩に下げて、太陽の下に繰り出そう！レッツ・アウトドア・ディギン！

イギリスのレコード・マーケット事情

先ほど挙げたレコード・フェアとレコード・マーケットは、どこがどう違うのか。厳密な決まりはなく、別に大した違いもないんですが、フェアはレコード専門のガチ

勢用イベント、マーケットは飲食や古着の露店なんかと組み合わされた、みんなで楽しめる総合イベント。ざっくりとそんな感じでしょうか？　個人的なイメージですけど。

では、まずイギリスで数多開催されているマーケットの中でも、個人的に最もオススメな「Old Spitalfields Market」をご紹介しましょう。

ロンドン中心部の東側、地下鉄 Liverpool Street 駅から歩いて5分ほどの場所にあるこのマーケット、シャレオツでありながらもかなりの本格派です。さかのぼること350年前、1600年代中頃から同場所にて市場が開かれるようになり、現在の建物はヴィクトリア朝時代となる1800年代末に建造されています。

そんなロンドンを代表する老舗マーケットですが、日々さまざまな姿を見せてくれます。フード、ファッション、観葉植物等のショップが入れ替わり立ち替わりで並び、ワークショップやDJパーティー等のイベントも次々に開催されたりと、その歴史にかまけて古き良きでとどまりを見せたりなんかしない、そのコンセプトのフレッシュさもロンドン随一です。

敷地は結構広いので、同日にさまざまなジャンルのお店が出店されたりもしていますが、肝心のレコードが出品されるのは、毎月第1と第3金曜日に開催される定期イベント「Vinyl Market」です。

出店数は20程度でしょうか？　1店舗につき（少なくとも）1,000枚は出品していると思いますので、全部見ようとするとなかなかの時間が掛かります。なお、こう

まだまだ準備中の会場。でも、その時間から突入してナンボなのです。

いうフェアとかマーケットに出店する人は、実店舗を持っていないディーラーがメインとなります。特にイギリスでは、毎週末どこかしらでこういう販売の場があるということもあり、レコード・ディーラーの一本槍で生計を立てている人はかなり多いです。うらやましいですね！

そして、やっぱり気になるのはその内容です。それはクオリティーともいえますが、ここはそんじょそこらとはワケが違います。ジャンルはロックが中心となっており、ディーラーによっては少ないながらもレゲエやブラック・ミュージック等、他ジャンルの取り扱いもあります。

価格帯もいろいろで、数ポンドの親しみやすいプライス・ラインのものから、プロ

グレ・コレクターが泣いて喜びそうな悶絶レア盤までもが並びます。その辺りは参加ディーラーによって変わってくるワケですね。ちなみに、ここでの私は完全な鬼武者モード（aka 仕事モード）に入っていますので、にぎわうマーケットを捉えた良い感じの写真は撮っていません。ただ、こんなのもありましたよということで、ちょっと1枚だけご紹介します。

Heartbreakers の1977年デビュー作『L.A.M.F.』のマスター・テープです。外箱に貼られたインフォ・シートを見てみると、曲順が違っていたり、一部ミックスが変えられていたりと、非常に史料的価値の

こちらはイギリスの某フェアの案内板。

高いヒストリックな逸品と言えるでしょう。うーん、たまらん……。

下北沢のレコード・マーケット

ここまではイギリスのフェアやマーケットをご紹介しましたが、今度はここ日本のマーケットをご紹介しましょう。下北沢のお洒落ニュー・スポット BONUS TRACK で開催されている「RECORD MARKET」です。

現代版商店街とも称される BONUS TRACK は、飲食や物販、ギャラリーやコワーキングスペースと、さまざまなアイデアにあふれた複合型施設です。言ってみれば、小さな「街」みたいなものでしょうか。場所は下北沢駅から歩いて5分程度、すごく抜けが良くて清々しいロケーションとなっています。そして、入口を入ってトコトコと歩いていくと、すぐにマーケットの看板が見えてきました。

余談ですが、この手のレコード・

Heartbreakers『L.A.M.F.』のマスター・テープ。本物はそのほとばしるオーラにクラクラします。

フェアとかの案内板って、見えてきただけで否が応でもテンションが上がっちゃいます。特に私たちバイヤー勢は、期待と不安、そしてレコードへの愛憎（？）が入り混じって、「やったるぜ！」と血湧き肉躍ったりするもんです。でも、そこはレコード好きのみなさんも同じですよね！

　2021年から始まった「RECORD MARKET」は同名の別イベントもありますが、こちらはBONUS TRACKと、施設内に店舗を構えるレコード・ストア、pianola recordsによる企画となっています。出店店舗は、下北沢をホームグラウンドとした、約20の店舗やコレクターが中心。ロックやジャズなんていう王道はもちろんのこと、ダンス・ミュージックやアヴァンギャルド、果てはfor DJな日本民謡まで、「レコード大国日本」らしい、その色とりどりな品ぞろえは実に刺激的です。

　なお、唐突に「レコード大国日本」なんて言いましたが、日本のディガー、そしてコレクターの方々の深堀り度合いは本当にエゲツないです。私もいろいろな国で数々のレコ屋を巡り、多くのコレクターのお宅を訪問してきましたが、日本ほどジャンルや国を越境した、ワイドレンジなレコぞろえを見ることは滅多にありません。しかも、それぞれにワールドクラスのスペシャリストが存在し、世界のマーケットを先導するほどにディープな研究を進めていく、そんな気概に満ちた方も少なくないのです。リスペクト！

　DJブースからはナイス・チョイスな音楽が流れ、飲食店からは美味そうな匂いが漂います。多くの座り席もあるので、掘り

日本でも案内板が見えると嬉しくなっちゃうんです。

疲れたらご飯を食べながら一休みしましょう。もちろん釣果のチェックも欠かさずに。ちなみに、私はビールを飲んでホロ酔いで掘っていましたが、やっぱりこういうのがアウトドア・ディグの醍醐味ですよね……うぃ〜楽しい！

　主催者であるpianola recordsさんは特にアヴァンギャルド方面が十八番で、レコードの販売だけではなく、自身の運営するレーベル「conatala」から良質な作品をリリースしたりもしています。

　まず店内に入ると、柔らかい光が差し込む洒落たムードに心惹かれます。さらに、ドカンとど真ん中にピアノが鎮座していたり、ブラウン管のテレビやSlapp Happy『Acnalbasac Noom』のポスター

この日は天気にも恵まれて、ピースフルな時間が流れていました。最高。

等々、細かなインテリアにもこだわりを感じます。もちろん肝心のレコードのラインナップも素晴らしいです。エッジの効いた音楽がお好きな方は、ぜひ一度訪れてみてはいかがでしょうか？

ネットでもリアルでも、自分が欲しいものに最短距離でアプローチする、そんなレコードの探し方が必要な時もありますが、

どうせならその過程も目一杯楽しんでみてはいかがでしょうか？

1枚のレコードを巡って紆余曲折あって苦労したり、その道中で美味いご飯屋さんを見つけて小さくガッツポーズしたり、ひょんなことから新しい音楽仲間に出会ったり……そんなレコードにまつわるささやかなドラマが生まれるかもしれません。

『pianola records』の外観と店内。HP：https://pianola-records.com

　そして、それらの体験は音と共に心の溝に深く刻み込まれ、あなたをより楽しくてディープなレコードの世界へと誘っていくのです。ぜひお試しあれ！

21

ジャケをたずねて三千里〜元ネタを探せ！

別項でも詳しく触れましたが、アナログレコードのコレクターにとって大きな魅力の1つとなっているのはジャケットのアートワークではないでしょうか。たとえば The Beatles『Abbey Road』のように、実在の場所を元にしたアートワークも多数存在します。この項ではそんなジャケットの元ネタについて、海外買付で数々の都市を実際に訪ね、独自に研究した一端をお届けします。

ロック史を彩った名盤の数々にはやはり名ジャケットが付きものですよね。確かに音楽は聴くものではありますが、ジャケットのアートワークが描き出すイメージもまた、1枚の作品を形作る上では切ってもきれない重要なピースなのです。

レコ箱を引っ提げて歩く私。元ネタ探しだって足で稼ぎます。

そんなアートワークにはいろいろな物や場所が題材に使用されていて、知られざる元ネタも多数存在しているものですが、なかなかどうしてこの手の話は話題に上ることが少ないようです。まぁ、気にしている人自体が少ないんでしょうけど、私は気になって仕方がない性分というワケです。

では、その私の長きにわたる元ネタ研究の成果をチラリと発表させていただきましょう。イギリス限定になりますが、かなりディープめな情報ですので、頑張ってネットで調べても出てこないはずです。たぶん……。

The Dark の裏ジャケはここ！

まずはアートワークの題材となった撮影スポットからご紹介。実際に行けるように

ポストコードも記載しておきますので、と
んでもない好き者がいれば是非どうぞ。ち
なみに、ポストコードとは日本でいうとこ
ろの郵便番号のようなものですが、一発
で「ココッ！」というぐらいもっと詳細な
住所を示してくれる便利なヤツです。調べ
る時はこの番号を手掛かりにすればイージ
ー！

　ことイギリスにおいて、撮影場所が最も
有名なジャケットといえば、やっぱり The
Beatles の『Abbey Road』。他に良く知ら
れた定番は、Pink Floyd『Animals』、デ
ヴィッド・ボウイ『The Rise and Fall of
Ziggy Stardust』、Oasis『(What's the
Story) Morning Glory?』などでしょう
か？　他にもたくさんありますが、この辺
の定番はネットで調べればすぐ分かります
し、すでに行ったことがある方も多いかも
しれません。

　とはいえ一応、場所の詳細をどうぞ。

■ The Beatles『Abbey Road』
3 Abbey Rd, St John's Wood, London
NW8 9AY

■ Pink Floyd『Animals』
188 Kirtling St, Nine Elms, London SW8
5BN

■ David Bowie『The Rise and Fall of
Ziggy Stardust』
23 Heddon St, Mayfair, London W1B
4BQ

■ Oasis『(What's the Story) Morning

みなさんご存知『Abbey Road』の横断歩道。意
外と車通りが多いので、渡る時は気をつけましょう。

車窓から見える『バタシー発電所』。

Glory?』
75 Berwick St Soho, London W1F 8TG

　さて、ここからが本題です。今回、私が
研究の成果としてご紹介するスポットは、
英国ロックの廃盤市場において、トップ・
オブ・トップの座に君臨する The Dark
『Dark Round The Edges』の撮影場所です。
しかも裏ジャケの。

　舞台は彼らの出身地となる、イングラン
ド中東部に位置する都市、ノーザンプトン。
ロンドンとバーミンガムの間ぐらいにある
街で、ロンドン・ユーストンから電車に乗

The Dark『Dark Round The Edges』オリジナル盤の裏ジャケット。でも、取り出し口は右側なので、こっちが表ともいえます。

今は住宅修繕の工務店みたいなのが建っていますが、建物左の窓枠部分を起点に見比べてみると、間違いなくここだとお分かりいただけると思います。ジャケット撮影時は、まだ建設中だったというワケですね。

ただ、紹介しておいてなんですが、ホント何ということのない建物なので、実際に行ったとて正直、何の感慨もないかもしれません……。まぁ、彼らとしてはただ地元で撮っただけなんで、そんなものでしょう。大体この手の名所って、よっぽど思い入れがないとすごい勢いで肩透かしを喰らうものですし。ちなみに、かくいう私はどうしたかというと、建物の前に仁王立ちして、イヤホンでアルバムを爆音で聴きながら一人でブチ上がっていましたけどね！

とにかく場所は確かにここなんで、（どーかしてる人は）行ってみてはいかがでしょう？　ちゃんとアーティスト本人の裏付

ること小一時間。あんまり（買える）レコ屋もありませんので、私も頻繁に訪れる街ではありませんが、ジョンロブとかの革靴の聖地としては有名です。

　問題の場所は、駅から歩いて10分程度。

これが件の建物。裏ジャケと見比べてください。

Caravanの中期名作『Blind Dog at St. Dunstans』の元ネタ、St. Dunstan's Street。

けも取っていますので間違いないですよ！

■ The Dark『Dark Round The Edge』
97 St James Mill Rd,Northampton NN5 5JP

こんな探偵活動もアリ！

　次にご紹介するのはアートワークのサンプリング・ネタです。当時のアートワークには元ネタが存在するものも少なくなく、その多くは絵画や文献からのサンプリング。アルバムの音楽性を視覚でも表現すべく、才気溢れるデザイナーたちが過去の遺産から選り抜き新たな価値を創造したその手法は、ただのパクリとはちょっと違うんです。

　それでは私の研究成果から厳選して3ネタ＋αをご紹介。使用されたアルバムとその元ネタを併記していきます。アルバムの音楽的な内容については特に触れませんが、もちろん最高過ぎるがゆえの研究対象。未聴の方はぜひ。ちなみに原盤はいずれも目ん玉が飛び出すプライス揃いです！

■ The Norman Haines Band『Den of Iniquity』
※元ネタ＝ Heinrich Kley『Parlor Game』

　1800年代後半から1900年代前半にかけて多くの作品を残し、かのウォルト・ディズニーにも大きな影響を与えた、ドイツ人画家兼イラストレーター、ハインリヒ・クレイの作品を使用。

■ Nicholas Greenwood『Cold cuts』
※元ネタ＝ Philippe Mora『Pork Chop Ballad』

　1960年代後半に渡英、スウィンギン・ロンドンの洗礼を受けたフランス出身の映画監督兼アーティスト、フィリップ・モラ

ハインリヒ・クレイの名著『The Drawings of Heinrich Kley』より。

による、異臭が過ぎて即撤去を命じられたと噂される名（迷）作、肉彫刻をサンプリング。ちなみに、彼は当時『OZ』等の英アンダーグラウンド・マガジン周りのコミュニティに属していたということもあり、アングラ雑誌『TIME OUT』の1970年5月16〜30日号の表紙にも使用されています。

ただならぬインパクトを放つ『TIME OUT』誌の名表紙。

Mighty Baby『s.t.』のジャケはこれをサンプリング。ちなみにライオンに乗っているターザンはオミットされています。

■ Mighty Baby『s.t.』
※元ネタ＝ Alan Aldridge and George Perry『The Penguin Book of Comics』

　1967年初版発行のコミック研究誌。The Beatles関連のアートワークや、The Who『A Quick One』のアートワークでお馴染みのイラストレーター、アラン・オルドリッジのイラスト紹介と、『Sunday Times』誌の編集長、ジョージ・ペリーによる漫画史が掲載された１冊ですが、注目は辿っていくこと128ページ目になります。下の画像にある小さな挿絵なのですが、これをトレースしてアートワークに仕立てています。実際のジャケットとよく見比べてみてください。

　この素晴らしい仕事は、時代を象徴する英アングラ・アーティストのマーティン・シャープの手によるもの。英アンダーグラウンド・マガジン『OZ』の立役者でもあり、Cream『Disraeli Gears』等々の数多の名作を残した彼。やはり目の付け所がシャープです。

　この他にも、とある文献に掲載された部族の写真をサンプリングしたRed Dirt『s.t.』、とある宗教画とカンタベリーの街並みを重ね合わせ創り上げたHatfield Field & the North『s.t.』等々、イギリスだけでもまだまだいっぱいあります。

　この手の元ネタをどうやって発見したかは企業秘密ですが、レコードならではの大きいジャケットを120％楽しむにはこんな探偵

番外編ですが、Led Zeppelinが「Tour Over Europe 1980」
の際に使用した有名なポスターは、英写真誌『Picture
Post』の1939年発行「Vol.3 No.8」の表紙が元ネタ。

活動もアリです。1ネタ発見するのにとて
つもない時間と労力が掛かりますが、見つ
けた時の高揚感といったらないですよ！

　この一億総デジタルな時代にわざわざレ
コードを手に取ったアナタ、どうせならあ
りとあらゆる角度から楽しんでやろうじゃ
ありませんか！　Let's Diggin'!!

これはサンプリングというか……ヤッちゃってま
す。インドのアパレル・ブランドで、服のワンポ
イント・ロゴにも転用。

22

誰も教えてくれないレコ屋スラング

私もレコード屋で働き始めて約20年、次第にこの一風変わったカルチャーにも慣れ、もう随分と感覚がマヒしてしまいましたが、みなさんは初めてレコード屋に行った、あの日のことを覚えていますか?

最初は分からなかったレコードの扱い方や、飛び交う専門用語にも次第

やっぱり象徴的なレコード店、ロンドンの「Rough Trade」。

に慣れ、ズドドドと誰よりも早く見るのがクールだという思い込みも卒業して、今はゆったりと自分にピッタリなレコ屋スタイルで楽しんでいる、そんな熟練な方もいらっしゃるかと思いますが、レコ屋での立ち振る舞い方をマジマジとイチから教えてくれる人っていないものです。

かくいう私も失敗を繰り返し、強面の店主に圧をかけられて、背中に変な汗をかきながら覚えていったものですが、時代はもう令和。ちょっと事前情報があるだけで、ベテランもビギナーも誰もがノーストレスで楽しめるんではないかと思うワケです。

ということで、この項ではローカル・ルールだらけのレコ屋での振る舞い方や、レコ屋ならではの流儀、専門用語などをチラリとお伝えいたします。「何だよ、めんど

くせーな」とか思わないでください。別にレコ屋に厳格なルールなんていう大層なものはないんですが、この記事はみんなで楽しく平和に掘るためのヒント集だと思って、ぜひご一読を!

荷物、試聴、検盤……
何ごともマナーが大事!

■「めくり」の流儀

「めくる」という言い方はあんまりポピュラーじゃないかもしれませんが、棚に入っているレコードを「パタパタ」とめくるように見ていくことを指しています。そして、このめくりのスタイルこそが、レコ屋でのマナーを語る上で、基本かつ最も重要なことだと思います。レコードに慣れ親しんで

いないビギナーな方でも何となくイメージはあるかもしれませんが、めくり方の王道はレコードを引っ張り上げては離すを繰り返す、「スッスッ」と見ていくスタイルです。ただ、この基本に見えるスタイルも、やってみると意外に難しいものなんです。

今「スッスッ」と書きましたがこれがミソで、レコードを引っ張り上げて離す時には、前後のレコードでそっと抑えて、レコードが棚底にダイレクトで落ちないようにするんです。ちょっと文章だと伝わりにくいと思いますが、ダイレクトの場合は「ストンストン」という音になるワケです。

この「トン」部分の何が問題かというと、ジャケットの「底抜け」を引き起こしてしまうという点です。レコードのジャケットは想像以上にナイーヴで、「トン」の瞬間に盤がジャケットの底面を叩き、底部分に穴が空いてしまうことがあるんです。その昔はエッジの効きまくった個人店がいっぱいあって、「トントン」の「ト」の時点で店主からの注意（という名の怒号）が矢よりも早く飛んできたものです。これホント。

底抜けは商品の価値を下げてしまうということもあって、レコード屋としては万年悩みのタネ。底抜けしてるレコは絶対買わないぜという方も、決して少なくありません。そんな商売的な面ももちろんあるんですが、何よりも理解して欲しいことは、繰り返しますがオリジナル盤は有限だということです。元々は大量生産品といえども、長年の時を経たオリジナル盤は、今や貴重な文化遺産といっても過言ではありません。一度失われてしまえば二度と戻ってこないのです。今新品で売っているニューリリー

スものだって、明日のオリジナル盤といえましょう。買われる前に傷モノになってしまえば……お嫁に行けない！

私たちレコ屋ももちろん対策はしています。底板にマットやブチルゴムみたいなのを敷いたりして、フワッとさせて底抜けを減らそうとするのですが、滑りが悪くなって余計見にくくなったりもしますし、言うほど防げもしません。うーん、難しい。

長くなりましたが、やっぱりめくりは「パタパタ」に限ります。コーナーに余裕があればそのままパタパタ、キツくて見にくい場合は一つかみ分を抜いてからパタパタ。これがベスト。というか、これっきゃない。お願いします！

■「荷物」の流儀

レコードを見る際に邪魔な荷物は、店に預けてしまいましょう。なんなら持っている荷物は全てカウンターに預ける、なんていうルールがある店もあります。少数派ですけどね。それは万引対策というのもありますが、店内にレコードが入ってる袋を置いておいたら、目を話した隙に誰かに盗まれた……なんていうトラブル回避でもあります。お気をつけを。

あと、デカいリュックを背負いながらレコードを見るのは控えましょう。レコ屋って基本手狭なもので、通路を完全に塞いでしまうんです。当たった当たらないで揉める現場を見ることも決して少なくないので、みなさん思いやりの気持ちを持って掘りましょう。

普通のレコ屋の通路は、せいぜい2人が背中合わせでギリギリの幅です。

■「検盤」の流儀

　検盤のマナーは店によって違うもので、ここ日本ではカウンターに持っていって、「検盤お願いしま〜す」みたい感じで伝えてからチェックするスタイルが一般的ですが、海外では自由にその場でするセルフ検盤が一般的です。ただ、海外でもロンドンみたいな大都市なんかでは、価格に関わらず全部中身抜き（盤はカウンター内に保管）なんていう店も少なくありません。

　検盤はことロック界では状態の確認はもとより、その盤の「プロフィール」を確認することも多いです。ラベル面のデザインや細かい文字組み、そしてデッドワックス部分（無音部）のマトリクスをはじめとした各種刻印から情報をキャッチして、プレス時期やプレス工場なんかを確認したりと大忙しです。

　ちなみに、とある特殊な素材を用いてプレスされたレコードというものが存在するのですが、それらは「光にかざす」ことによって確認ができるのです。DJMやDawn等の英Pye関連レーベルでお馴染み、かざすと盤が赤く見える「Translucent Wax（俗称：透赤盤）」や、高音質と定評のある米国発の青く透けるニクイ奴「KC-600」等が代表的なのですが、全く同じタイトルでも通常の黒盤とそれら特殊盤が混在しているケースもあります。そこで盤を光にかざして確認するんですが、普通の検盤とは違うその動作、事情を知らない人からすればちょっと胡散臭く見えるんですよ……。別にレコードを天高く崇め奉ってるワケじゃありませんからね！　この機会にそういうものもあると覚えてください。

■「トイレ」の流儀

　本屋と一緒で、レコ屋に行くとなんだかもよおしてきませんか？

　ただ、レコ屋って、サイズの大小関係なく基本的にトイレの用意はありません。例外があるとすれば、テナントとして大きな商業施設に入っている場合でしょうか。トイレが近めな私は、国内外問わずよく行くレコ屋の最寄りのトイレ情報は完璧に把握しています。これで安心！

■「試聴」の流儀

　試聴に大事なのはスマートさ。ケース・バイ・ケースではありますが、あくまで試聴なので、全曲じっくりみたいな長時間のリスニングは控えましょう。

　あと、レコードはもちろん商品なので、丁寧な取り扱いを心掛けましょう。スクラッチする人はさすがにいないと思いますが、頭出しをしたり、センターホールに入れる時に雑にグリグしたりするのはやめましょ

試聴に時間や枚数の制限を設けている店も多いです。

うね！

■「廃盤セール」の流儀

これは日本特有というか、ディスクユニオン由来の文化かもしれませんが、レアなレコードを週末とかにまとめて放出する「廃盤セール」というものがあります。別に安くなるワケではないので「セール」と名乗るのも違和感ありありですが、何十年もやっていることもあって、しっかりと根付いた文化となりました。一昔前はコレクター同士の熱いバトルがくり広げられる、まさに鉄火場と化していた廃盤セールですが、最近は時代も変わり、ピースフルな和気あいあいムードになってきました（たぶん）。

ちなみに、人気セールだと入場整理券を配布したりするのですが、並んでる最中のコレクター同士に交流が生まれ、いろいろと情報交換（という名の狙ってるものの探り合い？）したり、整理券をゲットしてから開店までの間に朝ご飯を一緒に食べに行ったりと、横の繋がりもまた楽しいもので

す。以前はそれこそ徹夜組が出たりと、整理券段階から熾烈なバトルが繰り広げられることもありましたが、最近はコロナの影響もあって、店側としても並びが入らないような工夫もさせていただいています。

真冬だというのに、前日の昼頃から一升瓶片手に入口前の隅っこにドカンと鎮座。翌日の開店時間までチビチビ飲み続けて体温をキープし、開店するや否や本命だけを静かに、そして確実にハントした、「レコード必殺仕事人」足るあの漢の勇姿は忘れません……。

■「爆抜き」の流儀

長いことレコードを蒐集していると、ひょんなことからめちゃくちゃ安い値段でオリジナル盤を買えることもあるでしょう。でも、そんな時は振る舞い方が大事。だって、少なくともその店の人はその価値に気づかなかったワケで、露骨に態度に出したり、ましてや直接伝えるのは、イザコザしか生まないので止めておきましょう。

どれとは言いませんが、かくいう私も2万円で大体100万円の価値を持つレコを抜いたことがあります。そこは私もプロ、見た瞬間勝ち（？）を確信しましたが、嬉しさ余って飛び上がるでもなく、いつも通りの平穏な気持ちのままスッと買って……いやいやホントは内心めっちゃドキドキしてましたよ！　無理無理！　帰ってから独りポゴダンスしたのは言うまでもありません。ヤッタゼ！

どの世界でもマナーというか、隠れマイナー・ルールってつきもの。そんなに過剰

に気にする必要なんてないんですが、アナタの周りに気にしてる人がいるのも事実なんです。

とにかく少しでも分からないことがあれば、店員に聞いてしまいましょう。そこはレコ屋の店員も好きモノ、とにかくレコードにまつわる話がしたくて働いているといっても過言ではありません。私なんかは「まだ買ったことないんですけど、オススメのレコードありますか？」とか、そんな質問は大好物ですよ！

こうして会話が弾んで、また新しい音楽との出会いがある、それこそがリアル・ショップであるレコード屋の醍醐味の１つではないでしょうか？

レコにまつわる「スラング」一覧

インターネット内だけでも十分買い物が完結してしまう今日この頃。自分の狙ってるアレがないかもしれないのに、何もわざわざ足を伸ばさなくても……なんて思う方もいるかもしれませんが、やっぱり本当に良い出会いというのはレコード屋にあるんじゃないでしょうか？　店でかかっている音楽に脳天をガツンとやられたり、何気な

海外のレコ屋の例。壁にグラフィティが描かれているのも海外スタイル。

く見ていたら十年来のトップ・ウォントが爆安で見つかったり、ひょんなことから店員さんに薦められた１枚に人生を変えられたり……そんな「何か」がリアル店舗にはあると思います。

ただ、「レコ屋ってなんか入りづらい」とか、「よく分かんない専門用語が飛び交ってる」とか、そんな声もチラホラ聞こえてきたりこなかったり。いってみれば古着屋なんかと一緒で、マンション一室系の店舗とかも多いので気持ちは分かります。さらに、そんな店に勇気を出して入ってみても、店員さんからは聞き慣れない専門用語がバンバン出てくるかもしれません。今では普通（？）の用語であれば少しググれば分かるかもしれませんが、いわゆる現場で日常的に使われる生の言葉はどこにも載っていないものです。

かなり大袈裟めな話をしましたが、続けてみなさんがレコード屋で「通」を気取れる、そんなレコ屋スラングをチラリとご紹介します。結構ローカルな言葉もあると思うので、どこかでしたり顔で使って通じなくても責任は持ちません。あしからず。

■ 壁

または、「壁レコ」。多くの店で見ることができる、壁に飾ってあるレコードのこと。基本的には、その店のオススメないし自慢の高額盤が陳列されていることが多い。初めて行った店では、壁を一瞥すればおおむねどういったタイプの店かが判別可能。

■ エサ箱

店にあるようなレコード用什器、または

箱のことを指す。レコードを見る時に手で
チョンチョン引っ張り上げる仕草が、鳥が
餌をかいつまむさまに似ていることから命
名。または安盤をエサに見立てて、安盤が
多い床置きの箱を指すことも多い。

■ OBI
「帯」のこと。帯は日本特有の文化のた
め、世界共通用語として使用されている。
「OBI Strip」とも呼ぶ。

■ エクスポート
　輸出用として製造されたレコード。ジャ
ケットやラベルに通常リリースされたもの
とは異なるデザインが施されたり、本国盤
とは異なるカッティングのものも存在し、
高い価値を持つものも多い。

■ 委託（プレス）
　増産や生産ラインの混雑状況等々、さま
ざまな理由によって、そのレーベルが通常
使用するプレス工場以外の工場へプレスを
委託して生産された盤のこと。エクスポー
ト同様、通常盤とは異なる仕様（特にカッ
ティング）のものも多い。

■ 白
　プロモ盤。「白プロモ」、「白ラベル」と
も呼ぶ。

■ プラガイ
　プライス・ガイド。

■ コグス
　Discogs。

「ほとんど車」盤を検盤する我らが買付クルー。
仕入れるには高過ぎたんで、目の保養で見てるだ
け……。

■ ほとんど車
　100万円クラスの超高額盤。

■ 99枚プレス
　99枚しかプレスされなかったレコー
ドのこと。主に英国の自主盤で見られる。
1960〜70年代当時の英国では100枚以
上のプレスからを課税対象としていたため、
多くの自主盤が99枚以内にプレスを収め
ていた。

■レコードは資産
　特に高額廃盤に関してはここ20年右肩
上がりのプライス・アップを続けており、
レコードは趣味といえどももはや株券のよ
うな資産価値すらある、という考え。また
は、奥さんへのただの言い訳。

■ 足がつく
　上記のような自主盤やテスト・プレスの
ような極端に現存数が少ない特殊なレコー
ドにおいては、保有していること自体を知

られたくないコレクターが多く
存在する。

　大袈裟にいえば宝くじの高額
当選者のようなもので、保有し
ていることのステータスと引き
換えに、「譲ってくれ云々」の
面倒が増えることもあるため、
購入先から足がつくことは良し
とされない。そうしたことか
ら、特殊なレコードの保有者の
情報はもちろん、その販売価格
も含めコレクター個人情報とし
て秘匿されることが多い。

King Crimson『In The Court of The Crimson King』の英国ア
セテート盤。

■ 酸っぱい（良い）匂いがす
る

　レコードの生産工程の中で作られるアセ
テート盤のこと。テスト段階で試作された
もののため、製品盤には含まれない貴重な
音源を含むこともある。

■ ジャケの匂いで分かる

　経験豊富な方であれば、ジャケットの内
側の匂いを嗅いだだけで、どこの国でプレ
スされたレコードかを判別することができ
る。とはいえ、特に実用的な意味はない。
ただのフェチズム。

世にも珍しいアセテートが束（10"×15枚）になったボックス・セット。内容は全てブリティッシュ・サ
イケ・レジェンド、The Open Mind！

■ 大カット

　ダイカット・スリーヴの誤用。本来は
「Die cut」という英語から来る用語である
が、「大カット」と勘違いしたとある人物
が存在。彼は中カットや小カットもあると
信じていた。

■ ヒゲ

　レコードのラベル面中央にある、センタ
ーホール付近に付いているプレイ痕（＝引
っ掻き跡）のこと。その昔（今でもいます
が）はターンテーブルにポンと適当にレコ
ードを置き、グリグリしてセンターに通す、
というのが一般的だったため、ヒゲの量を
見ることによって、その盤がどれほど聴か
れているかの判断基準になり得る。

■ ピンピン

　美品のこと。一説には今は亡き
下北沢の某店の名物店長が言い
始めたとか。他にも「ビンビン」、
「カリカリ」、ローカルでは「ピカ
チュウ」とも呼ばれる。

■ セルフ・コート

　勝手にジャケットにコーティン
グ（風）を施すこと。多くはニス
を塗ったり透明テープを貼ったり
しているだけだが、稀に仕事ぶり
が良すぎてだまされる人もいたり
いなかったり。

■ 組み合わせ

　複数の同タイトルのレコードか
ら、ジャケット、盤、付属物等を入れ替え、
最高の状態に仕上げること。「入れ替え」、
「グレードアップ」とも呼ばれる。

■ ガチャ盤

　著しく状態の悪い盤。または誰かの入れ
間違いにより、ジャケットと盤のタイトル
が合わないもののこと。

■ 中（内）シールド

　米 Columbia レーベルのレコードで見
られる、中のプラスチック製の内袋がシー
ルドされているもの。通常のシールド品に
比べて、ラベルやマトリクス、そして反り
の有無等、盤面が直接確認可能なため、通
常シールドよりも好まれる傾向にあり。

■ サインはただの書き込み

　ジャケットに書き込まれたサインは、そ

The Rolling Stones が 1969 年にプロモーション用にのみ
制作したレコード（英盤）の裏ジャケット。こういう場合
のサインは流石に本物です。

の真贋を証明するものがない限り原則として価値付けされない。かえって単なる書き込みとして減点対象にもなる。単に誰かが似せて描いた偽造サインはまだしも、近年の自動筆記マシーンによる（筆致すら再現した）精巧な模造は、もはや目視での判別は不可能とされる。

　いかがでしょうか？　聞いたことがある言葉はありましたか？
　ただ、ここまで言っといてなんですが、用語なんて別に知らなくたって良いんです。音楽に関係ないですし。とにかくレコード屋に行って、店員さんや他のレコードが好きな方と喋ってみてはいかがでしょうか？時には強面の方がいるかもですが、そこは好き者同士、勝手に話も弾むってものです。そして、新しい音楽や、気の合う（or競り合う）音楽仲間との出会いがあったりなんていう素敵なこともあると思いますよ！でも、結局気付けばアナタもレコ屋スラングを使ってるんですけどね！

23

命を賭して音楽の自由を求めた肋骨レコード

「音楽を聴く」。私たち音楽好きにとっては呼吸するぐらい当たり前のことで、さて何を聴こうかと思い悩むことはあっても、「聴く」という行為それ自体については有り難みというか、特別思いを馳せるなんていうことはないでしょう。

音を記録するレコードが生まれて150年近く。実際に目の前で演奏が行われることがなくても、時や場所を超えて聴くことができるようになった音楽は、テープ、CDとメディア革新が

肋骨レコードを代表する部位「Ribs（肋骨）」。

起こるたびにより身近なものとなってきたのです。特に今はサブスク全盛期。世界中のありとあらゆる音楽にシームレスに繋がることができて、もはや聴く音楽の対象ですら、自分で選ばなくても良いほどの圧倒的な「自由」を私たちは享受しているのです。

ただ、人間、慣れって怖いもので、その手に入れた自由を改めて実感するなんていうこともなく、なんならそれが至極普通なこととなった今日この頃ですが、かつてその自由を根こそぎ奪い去った国が存在していたことをご存知でしょうか？　そこには命を賭してまで音楽への自由を求めた、熱き大衆の戦いがあったのです。

ということで、この項は近年ここ日本でも認知度の高まりを見せる、ソ連が産んだ特殊レコードの極み「肋骨レコード」にまつわる話。あまりに個性的な音楽体系を持つソ連シーンは、それらを収めたメディアすらも個性に満ち溢れていて、私たちレコード好きの好奇心をブッ刺しにくるのです。

根源的な音楽への愛、なんていうと大袈裟ですが、この「肋骨レコード」の存在は、「音楽を聴く」という行為そのものと真摯に向き合う気持ちを思い出させてくれるのです。そして、この記事はある意味そんな機会を後世に遺してくれたともいえる、かの国の密造人たちに捧げる私なりのレクイエムなのです。

「肋骨レコード」は、
なぜ生まれたのか？

「肋骨レコード」、それは1970年代から80年代にかけてモスクワ放送のアナウンサーとしてラジオDJを務めた、西野肇氏が生んだ呼称です。

彼は2001年にNHKでドキュメンタリー番組『地球に好奇心 追跡 幻の"ろっ骨レコード"〜ロシア・冷戦下の青春〜』を企画制作。以降、国内では「肋骨レコード」という呼称が根付いたと思われます。X-Ray Audio、Bone Music、レントゲン・レコード、骸骨レコード等々、国内外でさまざまな呼称が存在しますが、ここ日本でのオリジネーターでもある西野氏へのリスペクトを込めて、本項では「肋骨レコード」と呼ばせていただきます。

さかのぼること第2次世界大戦も終わりを迎えた1940年代中頃。スターリン政権下のソ連において、全ての音楽は検閲され、自国で認可した音楽ではない西洋諸国のロック、ジャズ等は「退廃的音楽」とみなされ、タブーとして厳格に禁止されていました。

たとえ禁止とされようとも、音楽への熱は古今東西同じもの。音楽への欲求、いうなれば音楽的飢餓のピークを迎えた一般大衆は、秘密裏にBBCほか西洋諸国のラジオを傍受するなどして、少しずつその渇きを潤していったのです。しかし、やはりそれだけでは欲求を満たすには遠く及ばず、聴きたい時にいつでも聴ける、録音物としての音楽を持っておきたいという至極当然の需要が出てきました。

あの時代、あの国で一般大衆がレコードを作る。それがどんなに高いハードルであるかは想像に難くないですが、特殊な状況下で大衆の熱は臨界点突破。一部の者は危険を顧みず、アンダーグラウンドな活動に手を染めていくこととなるのです。

ソ連軍は大戦中において相手国（主にドイツ軍）の戦意を削ぐようなメッセージや歌唱を刻んだレコードを大量に製造、それらを前線上空から散布するという、現代の私たちにとってはとても奇異に映る作戦も行っていました。戦後その際に使用されたカッティング・マシーンが流れ着いた先は闇市場。ほどなくして、それを入手し非合法なブートレグとしてレコードの制作、販売を発明した「密造人」が出現したのです。

彼らは大量かつ安価に入手が可能で、素材としても適していたX線写真フィルムに溝を刻みこみ、ハサミで丸く切り取り形を整え、センター・ホールは燻らしたタバコで穴を開ける。そうして肋骨レコードは産声を上げたのです。

肋骨レコードは大量に生産・販売されましたが、あくまでアンダーグラウンドな活動のため、密造人が常に抱えていたものは当局からの取り締まりのリスク。実際に検挙された密造人も多く存在し、約5年ほどの強制労働収容所グラグへの収監、俗に言うところの「シベリア行き」となる厳しい刑罰が科されていたようです。

1960年代には国営レーベル、Melodiyaの活発化や、テープ・レコーダー等の出現により生産数は減っていきましたが、大量生産品としての側面を持つレコードでありながらも、用いられたものは全てが真

に1点ものとなる特殊素材。そして、文字通り命を懸けて制作されたというバック・ストーリーが描き出す、その音楽への熱き想い。今現在レコードをコレクトする私たちにとって、輝かしくも妖しい魅力に溢れたこの肋骨レコードに、強く惹きつけられるのも当然のことではないでしょうか。

肋骨レコードの「希少部位」とは？

それではもう少し突っ込んで、肋骨レコードとはどういったものかをお話ししましょう。

まず収録されている音源に関しては、海外のロックやジャズはもちろん、肋骨レコードにのみ音源を残した「肋骨歌手」と呼ばれる国内アーティストたちから、インド映画音楽であるボリウッドまで実に多岐に渡りますが、その中でも「ロシア・タンゴの王」ことピョートル・レスチェンコはとりわけ多くの音源を残しています。

また、現代の商業ベースに乗った塩化ビニール製のレコードとは異なることも多く、回転数はSPと同じ78rpm、8インチや9インチと定格を持たない自由なサイズ感、そして多くのものは片面1曲のみの収録となっていました。元々、複数回の試聴に耐え得るような素材では決してなく、あまりに脆弱だった肋骨レコードが鳴らす音楽は、今も当時も変わらず盛大なノイズの向こう側。傷付き割れてへし曲がり、プレイ自体ままならないものも少なくありません。

収録された音源は資料的価値こそ高けれど、現代のレコード・コレクターである私たちがこの肋骨レコードにロマンを感じる最大の理由は、やはりその特異なビジュア

ル面でしょう。肋骨レコードはその特殊性がゆえ、今現在では一部の市場において高値で取引されていますが、価値相場を決定付ける最も重要なファクターは、ビジュアル面、そしてその骨の「部位」なのです。

やはり当時一番大事だったのは、収録さ

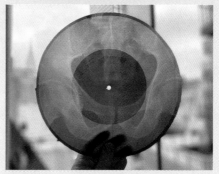

上から、「Spine（背骨）」、「Skull（頭）」、「Hipbone（腰骨）」。

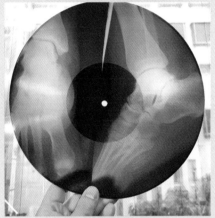

上から「腸（Intestine）」、「足（Legs）」、「頭（Skull）」。
頭には手術痕が見て取れます。

れた音楽そのもの。映りや部位のビジュアル面など気にかけているはずもなく、大半はどこの部位かハッキリとしないものや、撮影前の生フィルムに刻み付けられたもの

が多いものですが、それだけに今ではきれいに見映え良く骨が写ったものは人気を集め、その中でも希少部位はさらに高いプライスで取引されています。ここであくまで私が見てきた中でではありますが、肋骨レコードの部位を生産量別に並べてみましょう。部位が判別できるもの限定です。

肋骨 ＞ 肩 ＞ 背 ＞ 腰 ＞ 頭 ＞ 足先 ＞ 手

　元々は診断上必要だからこそ撮影されたレントゲン。みなさんも「骨なんて折ったことないよ」という方でも健康診断で胸部のレントゲンぐらい撮ったことありますよね？　そんなこともあって「肋骨」がやはり一番多いもので、西野氏がわざわざレントゲンでもなく骸骨でもなく「肋骨」と冠に付けた理由でもあります。

　市場価格は必ずしも希少度順というワケではなく、たとえば頭蓋骨でも正面と側面では異なるように、やはりビジュアルが重視されるという塩梅です。加えて収録曲も全く無関係ではなくて、「希少部位」＋「The Rolling Stones」みたいな「いかにも」な組み合わせになると、更にプライス・アップします。

　中でも「手」はとりわけ高い希少度と人気を兼ね備えた部位ですが、それというのも「手」がロック・ファンに想起させるもの、それは未曾有のジャーマン・ロック集団、Faust のデビュー・アルバムなのです。彼らが肋骨レコードを元ネタにしたかどうかは分かりませんが、そのロック史に大きな足跡を残した名作が、まわりまわって肋骨レコードの価値を高めているのです。

Faust の1971年デビュー・アルバムの独オリジナル盤。この写真は背景に白板があって少し分かりづらいですが、ジャケも盤もレントゲンさながらに全て透明です。

ちなみに、今まで見た中でとりわけ珍しかったのは「大腸」でしょうか。「肋骨レコード」ならぬ「腸レコード」。もうロマンが過ぎて胸焼けします。

肋骨レコードにもフェイクが存在⁉

最後に注意を促しておきたいのですが、世の中、本当にいろいろあるもので、そんな肋骨レコードにもフェイクが存在するということです。ある意味では当時モノもフェイクみたいなものなのでおかしな話なんですが、ここでいうフェイクとは、現代の新しいレントゲンを使って作られたもののことを指します。

元々がハンドメイドなので真贋の判別が難しそうですが、ここで重要なポイントは2つ、「状態」と「商売っ気」です。すでに書いた通り、耐久性など期待できない素材が使用され、さらには当時から軽く60〜70年は経過していることを鑑みると、

無傷でクリーンな当時モノはほぼ存在しないと考えて良いでしょう。

また、この手のフェイクが作られているのも、あくまで金銭目的。eBay 等のネット・オークションを主戦場に販売がなされていますが、このフェイク製作者自身もやはりツボは心得ているもので、「手」や「頭」等の見映えの良い部位を使用し、収録する音源にはイギー・ポップやジミ・ヘンドリックス等々、まぁコレクター心をくすぐるようなアーティストをチョイスするのです。

1960年代初頭の闇テープの登場により

肋骨レコードの次世代を担った特殊フォト・レコード。ちなみに、本盤は見た目こそ The Beatles ですが、収録曲は Deep Purple です。

西側アーティストの写真も無断転用しちゃいます。

根絶されたとも言われる肋骨レコード。つまるところ、上記のような60年代後半以降のアーティストの音源が収録された肋骨レコードはほぼ存在せず（ゼロとは言いません）、そのような組み合わせのものはフェイク製作者の「商売っ気」が生んだ産物といえるでしょう。

実物を見ることなく個人売買が繰り返されているインターネット上において、最も重要なものは正しい知識。今どき写真なんてどうとでもなるもので、モノの真贋を予備知識なしに写真1枚だけで判断するという行為は、ネット売買におけるタブー中のタブーです。これは別にレコードに限った話ではなく、それが絵画でもバッグでも時計でも、金の成るところにフェイクは潜んでいるのです。実際に見たり触れたりしたことのない肋骨レコードを手に入れたい、そんなことを思っているアナタも、この記事を読めばある程度フェイクの予防ができるかもしれません。今は何かと予防が大事ですね！

やっぱり肋骨レコードという異質な存在は特に目立ちますが、ソ連という国にはほかにも同じぐらい面白い、たくさんの変わり種レコードがあります。画像を掲載していますが、お土産用フォト・レコード、絵柄が変化するホログラム・レコード、国家が出版するソノシート付月刊誌「クルガゾール（Кругозор）」等々、英米のレコード文化圏にはない、特殊極まりない共産圏レコードの世界が広がっているのです。

素材や形も多種多様で、カラーリングも美しい、見て聴いて楽しいソ連の特殊レコードたち。

24

信じるか信じないかは……レコード都市伝説

みんな大好き「都市伝説」。とはいっても「口裂け女」（古い！）みたいなのじゃなくて、やっぱりみなさんがお好きなのは「陰謀論」じゃないでしょうか。某番組の影響がすごく大きいと思いますが、今どきはフリーメイソンとかイルミナティとかの秘密結社ネタが特に人気だと思います。

こと音楽の世界でもその手の組織との繋がりはよく噂されるもので、マスに向けて大きな影響力を持つミュージシャンだからこそ、その手の組織からお声が掛かったりするのでしょう。マイケル・ジャクソン、マドンナ、レディ・ガガ等、メガ・セールスを記録したポップ・アイコンたちとイルミナテ

至るところに忍ばされるメッセージ。

ィとの関係はまことしやかに噂されますが、60年代組のロック・スターたちと黒魔術（結社）、そしてその中心人物にしてカルト・アイコン、アレイスター・クロウリーとの関係は、もっと明確でズブズブです。

自身の作品『Sgt. Pepper's Lonely Hearts Club Band』にクロウリーの姿を載せた The Beatles、かつてクロウリーの旧家（すでに火災により焼失）に住んだジミー・ペイジ、魔術に傾倒しその死を予言された（そして、その予言は的中した）マーク・ボラン、自ら地下鉄に身を投げ打った「悪魔に魂を捧げた男」ことグラハム・

最上段左から2番目、坊主頭の男がアレイスター・クロウリー。

黒魔術師ケネス・アンガーによる伝説的カルト・ムービー『Lucifer Rising』のサウンドトラック盤。映画制作当初はジミー・ペイジが担当するもお蔵入り、続き名乗りを上げた男こそが、かのマンソン・ファミリーのボビー・ボーソレイユ。録音は獄中で行われた。

ボンド……挙げ出せばキリがありません。

　ということで、ここでのお題は「レコード都市伝説」。しかもあんまり表立って言われない（言えない）ような「レコード界の暗部」にスポットを当ててお話させていただきましょう。ここでちょっとあらかじめお断りしておきたいのは、さすがに直で書いたらまずそうなものに関しては少しフェイクを入れさせていただいております。こっちは身分を明かして書いてますので、狙われたりしたらたまったものじゃありません……くわばらくわばら。

　とにかく話してみましょうか……あ、これは言っとかないと。信じるか信じないかはあなた次第です。

[CASE 1]
フェイク・アセテート密造人「Mr.D」

　あなたがお持ちのアセテート盤、それは果たして本物でしょうか？　アメリカ南部、

メキシコとの国境近くにある某街の外れにある、なんの変哲もないよく風景に馴染んだ小さな町工場。それがここ数年の間、レコード廃盤市場を撹乱する、フェイク・レコード密造工場であることは知られていません。

　工場とはいっても、ほんの数名で贋作制作から販売までを行っており、その主犯格が「Mr.D」と呼ばれる男です。彼がメインで手掛けるのはアセテート盤のフェイクですが、そこには実に悪意に満ちた理由があります。

　まず世の中に蔓延するフェイクで多いものは、レギュラー盤を元に作られたテスト・プレスでしょう。大半のフェイク・テストの作りはお粗末なもので、ラベルを剥がして無地のラベルに貼り替えるか、ラベルの上にそのまま貼り付けるかで作られています。

　まぁ、そもそも見た目がすでに怪しいので、実物を見れば一発で分かるものも多いんですが、今の世の中ネットでの売買も多いので、やはりチェックすべきはプレス時期です。ちょっと本筋とズレるので細かい話は別項を読んでいただくとして、プレス時期を判断する、つまるところ決してイジれないマトリクス等の情報をチェックして、本物のテスト・プレスであった場合との整合性を取れば良いだけの話なんです。

　ただ、問題のアセテート盤、こいつは実に厄介です。元々大半のアセテートはデッドワックス部分に刻まれるマトリクス等の情報は乏しく、真贋の判断基準はラベル面

と収録音源、そしてコンディションになる
というワケです。

　Mr.D という人間は非常に巧妙かつ明晰
な頭脳の持ち主で、フェイク製造において
ある種の「コロンブスの卵」的発想を持ち
込んだのです。それが「リアル・フェイ
ク」と呼ばれる手法で、簡単にまとめると
「可能な限り当時のものを使用する」とい
う密造手法になります。

　まず最も重要なラベルに関してですが、
かつて彼は南アフリカでアセテート用空ラ
ベルのデッドストックを大量に入手してお
り、それがフェイク密造のアイデアを思い
付いたきっかけになったともいわれていま
す。南アフリカは英連邦加盟国ということ
もあり、英国からのエクスポート盤（輸出
盤）も多く流通した国。彼がそれらの残存
ラベルを廃工場から大量に入手できたのも、
英国本国の管理状況下では起こり得ないよ
うな、まさに「隙」を狙い澄ました入手手
段だったのです。

　次にラベルに表記されるテキストですが、
これは至ってシンプル。当時製造されたヴ
ィンテージ・タイプライターを使用。イン
クももちろんヴィンテージを使用しており、
ある意味では本物そのものといえるでしょ
う。

　収録音源に関しても抜かりはありません。
自身が保有するカッティングマシーン（お
そらく米 Westrex 製）を使用して、新品
アセテートにダイレクト・カットしている
のですが、音源のチョイスが絶妙なんです。
元々コレクターでもあった彼の音楽に関す
る知識は豊富で、通常盤に収録されている
音源だけではなく、現在までにリリース

ここからの画像は、調査委員会が押収した Mr.D
製フェイク・アセテートの実物です。この恐ろし
いまでに精巧な作り、あなたは見極められます
か？

上は Deep Purple、下は Arzachel のフェイク。
アーティストのチョイスも絶妙です。

されたCDのボーナス・トラックやブート
レグCDに収録されたレア音源を流用。ア
セテートはその性格上、通常盤とは異なる
音源を収録しているケースもある（そして、
多くのコレクターもそれを期待する）ので
すが、裏を返せば、通常盤には存在しない
音源を収録することによって、巧妙に「本
物であることが担保されているアセテー
ト」を装えるという具合です。

そして、コンディションに関しては、お察しの通り大半は正真正銘の当時モノを使用していますので、経年劣化具合もカンペキ。唯一アセテートの素材自体は現行のものを使用しているのですが、そもそも本物のアセテートもプレイ回数の少ない保存状態が良いものも多く、たとえ盤面が妙にきれいでも疑惑の念は抱かれづらいのです。

さらに音質面に関しても、つかまされた人はまず比較対象となるものを持っていないので、カットの甘さなんていうのも問題になりません。

多くの知識を持つコレクターほど、足元をすくわれるこの巧妙な捏造アセテート盤。アセテートというロマンに当てられて抱く、「まだ見ぬ音源を聴いてみたい」「誰も持っていないものを保有したい」というある種、純粋な蒐集欲がフェイクを目の当たりにした時に抱いた微細な疑念を自ら覆い隠してしまうのです。

本当に末恐ろしいこのフェイク・クライム、近年被害が多発しているということもあって、秘密裏に調査委員会が発足して

スタンプや付属するスリーヴも完璧な風合いを醸しています。でも、これってフェイクなんです。

います。委員会は独自に調査を進め、被害拡大を防ぐためにもフェイクの回収を行っています。その他にも、「テストプレス・リテラシー」向上のための啓蒙活動も進めています。

また、ここまで読んで「で、結局どうやって見分けるのよ？」と思われた方も多いと思いますが、残念ながらみなさんに噛み砕いて説明できるような明確な判断方法がないのです……。1枚1枚のアセテートの来歴の追跡、そしてMr.Dが唯一残した痕跡ともいえる、手書き文字部分の特徴等から選別していくしか手段がありません。だからこそ調査委員会というものが存在しているのです。

最後になりますが、工場の場所から密造方法まで、なぜここまで分かっていながら直接手が出せないのか。それは背後の組織に起因しますが……これ以上は私もお話しできません。ご理解ください。とにかくMr.Dとの戦いに打ち勝つためには、私たちコレクター同士の団結が必要最低条件な

貼られている古びたステッカーも、巧妙に本物を装うのです。

のです。共に戦いましょう！

［CASE2］
全てを決めるサイケ四神評議会

ところで、「中古レコードの値段って誰が決めているんだろう？」と疑問に思ったことはないですか？　正確には値段というか市場での相場の話ですが、そりゃあ誰もが店やオークション等で売買が繰り返されて徐々に値段が決まっていくという市場の原理、いわば「神の見えざる手」的なヤツが決めていると思うでしょう。

とはいえ、そうだとすると1つの疑問が残るはずです。そう、ニュー・ディスカバリーなレコードの値段です。特に自主盤が多いサイケデリック・ロックの世界では、新たにレコードが発掘された時には誰かしらが値段を決めている、それは容易に想像できると思います。じゃあ誰がそれを決めているのか？

それは発掘者でもなく、ましてや一介のレコ屋やコレクターたちが各々の言い値で決めているワケではありません。そう、「神の手」は実在するのです。

発掘盤はもちろん、聖杯（Holy Grail）とかジェム（Gem）とか呼ばれちゃうような、サイケデリック・ロックを中心としたいわゆる超絶レア盤の価値相場を牛耳るのは、「四本の手」と呼ばれる神たち。そして、彼らが集い、さまざまな物事を決するのが「サイケ四神評議会」と呼ばれるものです。

「四本の手」とも呼ばれる4人の神は、ヨーロッパから2名、アメリカから1名、そしてここ日本からも1名選出されています。世界中の廃盤情報は彼らの下に集約され、日々行われるさまざまな情報操作によって、彼らが市場をコントロールし続けています。その一例として、一般コレクターへの価格統制のために作られた、ハンス・ポコラ氏（彼はもちろん「手」ではありません）によるかの有名なコレクターズ・ガイド本『Record Collector Dreams』（俗

サイケデリック・ロックのコレクターズ・ガイド本『Record Collector Dreams』。

某フェアでのハンス・ポコラ氏（右端）と彼のブース。この後、彼から本を買ったのですが、「お前の髪型はサイケだな」という理由で安くしてもらいました。グラッチェ。

称ポコラ本）が存在するのです。

　彼らにより長きに渡り（良くも悪くも）保たれてきた市場バランスでしたが、「四本の手」の1人が急逝。そして後継者も決まらないまま、経つこと3年余。サイケ界の均衡が崩れた今、これから何が起こるのかは予見できない——。

　いかがでしたか？　どの業界でもそうだと思いますが、音楽業界、そしてレコード業界にもいろいろと黒い噂が絶えないものです。この手の話はまだたくさんあるんですが、最後にもう一度念押しで……信じるか信じないかはあなた次第です。

25

ヴィンテージ・ポスターを愛でよう

みなさん「メモラビリア」という言葉はご存知でしょうか？ あまり一般的ではなく初めて耳にした方も多いと思いますが、音楽に限らず野球選手の直筆サイン入り色紙とか、そういう類のいわゆる「記念品」のことを指しています。

音楽の世界でも、ポール・マッカートニーが学生時代に使用していたノート（オークション落札金額：約700万円）や、エルヴィス・プレスリーが肌身離さず持っていた聖書（同：約850万円）から、ジョン・レノンの歯（同：約300万円）まで、ありとあらゆるものがその蒐集対象として珍重されていますが、その中でもとりわけ広く人気を集めるのが「ヴィンテージ・ポスター」です。

レコードよりも生産数は圧倒的に少なく、かつ紙という特性上、ダメージを受けずにサバイヴすること自体が難しいヴィンテージ・ポスターたち。だからこそ蒐集欲は刺激され、世界中に多くのコレクターを生んだともいえるのですが、やはり肝心なのはヴィンテージがゆえに醸し出し得る、何にも代えがたい至極のオーラです。

別に何枚もコレクションするワケではなくても、バッチリ額装した1枚をドンと

Grateful Dead の1968年7月25日〜27日、Honolulu International Center 公演コンサート告知ポスター。デザインはリック・グリフィン。2nd プリントです。本公演は実際には実施されずキャンセルとなった経緯もあり、1st プリントは（状態問わず）僅か20枚程度しか現存しないといわれ、数多いサイケデリック・ポスターの中でも最高難度を誇る1枚。

自分のオーディオ部屋に飾る。そして、そのミュージシャンのレコードに針を落とし、椅子に身を預けながらポスターを眺める……ほら、いつもと違った音が聴こえてきませんか？

ということで、この項はここ日本ではまだまだ盛り上がりに欠ける、ポスターにまつわる話。世界ではしっかりとした市場が形成されているのですが、国内では取扱店が少ないこともあってか、現状は人気、認知度共に激低といわざるを得ません。ヴィジュアル面ではレコードジャケット以上に

Grateful Dead の 1973 年 9 月 14 日、Providence Civic Center 公演コンサート告知ポスター。デザインはランディー・トゥッテン。1st プリント、トゥッテンのサイン入り。プリントの真贋を保証するという意味で、サインが入ったポスターも存在します。

アートしてる、そんな素晴らしきポスターの世界を一人でも多くの方に体験していただきたい、そんな願いを込めてご紹介していきます。

西海岸の「The Big Five」

音楽同様、ヴィンテージ・ポスター界にも英米に大きなシーンが存在していますが、いずれもその芸術性が大きく花開いたのは、サイケデリック・ミュージックが生まれた1960 年代中頃のこと。それまではコンサートを告知するポスターといっても、機能性オンリーのテキストだけだったり、メンバーがキチンと整列した写真が写っているだけだったりと、主張少なめのごくごくシンプルなデザインが王道でした。

レコードのアートワークにも同じことがいえるのですが、時代と共に音楽の世界にもアート的表現が流入し、その制作を担うアーティストたちがオーバーグラウンドへと台頭してきたのです。

では、ヴィンテージ・ポスター界最大の人気を誇るアメリカのシーンをご紹介していきましょう。アンディ・ウォーホルを始め、バスキアやキース・ヘリング等、みなさんご存知のポップ・アート界のビッグネームたちも音楽との関わり合いは深く、レコードのアートワークやコンサート・ポスター等を手掛けていますが、今回ご紹介するアーティストたちは、サイケデリック・カルチャーと密接な繋がりを持ち、またそのサウンドをビジュアル化することによって、シーンの拡大に大きく寄与した巨人たちです。

舞台はサイケデリック・カルチャーの

米メモラビリア界の頂点『BGシリーズ』の1枚。1967年3月3日〜5日開催コンサート告知ポスター、「BG-53」。デザインはウェス・ウィルソン。2ndプリント。「Split Fountain」という特殊技法でプリントされており、そのテクニカルな技法とデザイン性の高さからも名品と名高い1枚です。

サイケデリック・グループ、Wildflowerの1967年3月3日開催コンサート告知ポスター、「Neon Rose #9」。1stプリント。ヴィクター・モスコソの多くの作品の中でも、最も偉大なる足跡ともいえるシリーズ「Neon Rose」の1枚。

爆心地、米カリフォルニア州サンフランシスコ。Jefferson Airplane、Grateful Dead、Quicksilver Messenger Service、The Doors、Jimi Hendrix Experience、Big Brother and The Holding Company、イギリスからは The Who、Pink Floyd、The Yardbirds 等々…挙げ出せばキリがありませんが、今では掛け値なしのレジェンド・アーティストたちが、夜な夜なライヴ・パフォーマンスを繰り広げていました。

そんなアーティストらをブッキングし、シーンを創り上げた功労者ともいえるのが、プロモーターの存在です。プロモーターの中でもとりわけ大きな功績を残し、自

身も伝説となった「ロックを創った男」ことビル・グラハム、そしてプロダクション「The Family Dog」の創設者にして、Big Brother and The Holding Company のマネージャーを務め、ジャニス・ジョップリンを加入へと導いた男、チェット・ヘルムス。特にこの2人のプロモーターはシーンのキーマンといえるでしょう。彼らは自らが運営したライヴ・ハウスであった、Fillmore Auditorium、Fillmore West、Winterland、Avalon Ballroom 等を拠点に据え、ヒッピー・カウンターカルチャーの旗手として、シーンを創り上げていったのです。

開催されるライヴには告知用ポスターが制作されたのですが、サンフランシスコにはポスター・アーティスト界においてとりわけ強い影響力を誇った、「The Big Five」と呼ばれる巨匠たちがいました。

ウェス・ウィルソン、スタンリー・マウス、アルトン・ケリー、リック・グリフィン、ヴィクター・モスコソ。この伝説の5人が生み出した数々のアートワークは、サイケデリック・サウンドをビジュアルで表現し、音楽と共にシーン興隆への起爆剤となったのです。

オリジナルの見分け方は？

彼らが数多残した作品に関しては、ググったりして見ていただくとして、ここからはコレクター度数の高い「オリジナルの見分け方」の話をしていきます。この手の文章は日本国内ではなかなかお目にかかれないと思いますので、本項の肝ともいえるでしょうか。

ポスターはレコード同様に、複数の版を重ねることが多く、サイズ、紙質、印刷手法、細かなデザインの変遷等により、オリジナルであるか否かという判断基準が形作られています。

なお、レコードではオリジナル云々の話の際に頻出する用語「プレス」は、ポスターでは「プリント」と呼ばれています。つまりレコードでは初回盤を「1st プレス」と呼んでいますが、ポスターでいうところの初版は「1st プリント」と呼ばれているというワケです。

ここで米コンサート・ポスター界におけるトップ・ブランドの1つ、「Avalon Ballroom」のポスターを例に、オリジナルの見分け方の一例をご紹介しましょう。掲載したのは、1966年9月30日～10月1日に Avalon Ballroom にて開催された、13th Floor Elevators のライヴ告知ポスターです。サポートは Quicksilver Messen-

13th Floor Elevatorsの1966年9月30日～10月1日コンサート告知ポスター、「FD-028」。Capitolが制作したリプリント。人気の1枚です。

1968年6月21〜23日開催コンサート告知ポスター、「FD-124」。デザインはパトリック・ロフトハウス。1stプリント。本品は中央部分に切れ込みと折りの加工がされており、中央部分のキャラクターが踊るギミックが仕込まれています。

ger Serviceと、タイムスリップできるならこの日を指定したい、そんな歴史的なライヴです。

　ポスターの製作者は、「The Big Five」の一角にして、共作することによって数々の名作を生んだ、スタンリー・マウス＆アルトン・ケリー。型番は「FD-028」、通称「Zebra man」と呼ばれる名作中の名作です。

　画像のものは「3rdプリント」にあたるんですが、ポイントを押さえながら紐解いていきましょう。まず前提として、ここで言う「1stプリント」とは、その名の通り初版刷りという意味ではありますが、もうちょっと細かく言うと、ライヴ開催前にプロモーション用として制作されたものになります。そのため現存する個体数も少なく、

後述もしますが何よりも紙質が非常にデリケートなものが多く、ダメージを免れたポスターの希少度は、レコードとは比較にならないほどに高いものです。

　本作の1stプリントは2,000枚印刷されたとされていますが、「Vellum（ヴェラム紙）」と呼ばれる紙に印刷されており、サイズは約W14”×H20”（インチ表記）。また、色味が特徴的で、顔のオレンジ色部分が一色刷りではなく、赤みを帯びた色から黄色へとグラデーションのように変化しています。加えて、一番右下の欄外部分に「The Bindweed Press San Francisco」というクレジットが記載されています。

　なお、ヴェラム紙というのはあまり馴染みがないかもしれませんが、ポスター・コレクターにとっては御用達の用語で、厚い

トレーシングペーパーのような風合いの紙と思ってください。通常の紙よりも粗くナイーヴで、質感のある素材となっています。

続く本作の2ndプリントの印刷枚数は1,000枚。1stとサイズも紙質もクレジットも同じで、色味は若干異なるものの、ほぼほぼ同じと思ってください。ただ、分かりやすい違いが1点、左下欄外に「28（2）」という表記が追加されているんです。「（2）」はシンプルに2ndプリントを意味しているワケですね。単純明快！　なお、2ndプリントというのは、通常はライヴ開催後から数週間以内にはプリントされるもので、もちろんすでに告知用という訳ではなく、販売のために制作されたものになります。

そして、3rdプリントは今まであった右下欄外「The Bindweed Press San Francisco」のクレジットがなくなり、左下欄外が「28（）」（※括弧内が空欄）となります。また、顔の色も一色刷り、紙質も「Uncoated Index」と呼ばれるものへ変更されています。これは光沢のない厚紙で、ヴェラム紙に比べると滑らかな仕上がりになっています。

あと、ややこしい話なんですが、「28（3）」（掲載の画像を参照）というのもあります。これはCapitolレコードが制作したリプリントとなりますので、少し注意が必要です。

最後にお伝えするのは、やはり誰もが気になるプライス感。レコード同様、作品によって事情は大きく異なりますが、1stで数十万円、2ndであれば数万円、なんていう具合に桁が一つ落ちたりします。プリント時期は1stとそれほど変わらないにも関わらず、入手難度もグッと身近になり、保存状態も良好なものが見つかりやすく、そして肝心のプライス的にも随分とこなれますので、実際にコレクトするには2ndプリントが狙いどころかもしれません。

ただ、そもそも1stしか存在しないものもあったり、前記の「Zebra man」のように2ndすらも地獄のレア・ポスターというケースもあったりと、この世界もいろいろとあるものです。そして、何といっても1stと2ndでは紙質や色味が大きく異なるものも多いため、パッと見のビジュアルでも大きな隔たりがあるワケですが……まあ、その辺はレコードと一緒で、どこまで拘るかという感じでしょうか？

ヴィンテージ・ポスターは、あの頃の熱狂を丸ごと真空パックした、紛れもない本物のアート・ピース。まずは1枚、手に入れてみてはいかがでしょうか？　こちらもレコード同様、底なし沼への一歩かもしれませんが……ぜひ！

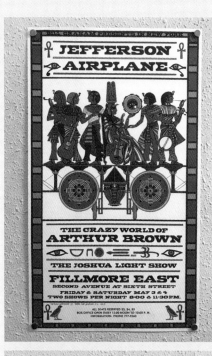

バンド、ライヴ・ハウス、ポスター・アーティスト……各々の想いを塗りこめるようにビジュアライズした
ライヴ・ポスターは、今もなお、私たちに当時の熱狂をありのままに伝えるのです。

26

音楽誌から見る百花繚乱のロック・エラ

『Music Now』1970年3月16日号から The Beatles 『Let It Be』の広告をピックアップ。掲載の規格番号が通常盤「PCS7096」ではなく、初回BOXの「PXS1」というところがまた泣かせます。

「ロックは死んだ」なんて、過去幾度となくこすられてきた言葉ですが、確かにあの百花繚乱の時代は、今のところ戻ってくる気配がありません。ロックの黎明期にして全盛期ともいえる、1960年代中頃から70年代初頭。今では歴史的な名盤として語り継がれるようなアルバムが、毎月、いや毎週のようにリリースされる、そんな時代は確かに存在していたのです。

ただ、それは歴史的事実といえども、今現在の私たちとは相当に距離感があって、もはやちょっとした「神話」みたいに聞こえてしまうのもまた事実。その距離感を埋め切るのはタイムマシーンでもない限り難しいですが、可能な限り近づくことはできるのかもしれません。その方法の1つが（オリジナルの）レコードであることは言うまでもないですが、もっとその熱狂の時代をリアルタイム感たっぷりで感じることができる、そんなスペシャルなアイテムがあるんです。

音楽好きなら、一度は書店で音楽誌を手

に取ったことがあるのではないで
しょうか？　それこそ今のように
Webが普及する前は、自分が好
きなアーティストや作品について
の情報源は主に音楽誌だったので
す。

　雑誌ごとに専門分野や色の違い
はあれど、常にその時代ごとの流
行や文化を映し出してきた音楽誌
の数々。レコードを聴くだけでな
く、それが発売された時代にリア
ルタイムで発行された雑誌を見る
ことで、当時の熱をより一層感じ
られるかもしれません。

　ということで、本項はそんな
不可能を可能にするメモラビリ
ア「音楽誌」の話。まさにその時、
その瞬間を収めた記事の数々は、今もその
熱を放ち続けているのです。さぁ、みなさ
んもご一緒にプチ・タイムスリップ！

『Record Mirror』1974年10月26日号。こういう広告用に
独自に制作されたアートワークって、めちゃくちゃ刺さって
きませんか？

メモラビリアとしての「音楽誌」

　まずは予備知識として、軽く音楽誌の歴
史について触れておきましょう。音楽誌の
歴史は古く、ロンドンで1926年に創刊さ
れた最古参『Melody Maker』を始め、ポ
ピュラー・ミュージックの台頭と共に多く
の音楽誌が誕生しています。

　ことロックの世界においては、やはり
The Beatlesの存在が大きいもの。彼らの
登場以降、音楽ジャーナリストたちはロッ
クと初めてがっぷり四つで組み合う形とな
り、ロックが評論の壇上で語られ始めるこ
ととなりました。そんな経緯もあったため、
ロック評論はアメリカよりもイギリスのほ

うが先行しており、先んじて数多くの音楽
誌が生まれています。

　『Melody Maker』、『NME（New Mu-
sical Express）』、『Record Mirror』、
『Sounds』、『Disc』等々、多様な音楽誌
がシノギを削っていましたが、長い歴史の
中で、各誌は生き残りをかけて吸収合併を
繰り返していきます。

　最古参『Melody Maker』は、2001年
に最大のライバル誌であった『NME』へ
と統合され、『NME』一強の時代へと突入
します。しかし、そんな『NME』ですら
も、よる時代の波には逆らえず、2015年
にはフリーペーパーへと業態変更。2018
年にはついに紙での発行を取り止め、オン
ラインへと完全移行しています。

　一方、アメリカでは、世界的な影響力を
誇る巨大音楽誌、『Rolling Stone』が有名

でしょう。今でも「500 Greatest Albums of All Time」のようなリストを定期的に発表するなど、音楽業界にコンスタントに火をくべて、数少ない現役音楽誌としての意地を見せています。

オススメのフリー・シングル

ただ、ここで語るのはあくまでレコードの話。ということで、記事の内容には触れず、レコード・コレクター目線100％で音楽誌の魅力をご紹介していきましょう。

すでに掲載した写真でお察しかもしれませんが、ここ日本の音楽誌では一般的な綴じ冊子形式とは異なり、英米では新聞形式がメインとなっています。もちろん傷みやすく、現存するものはさすがに経年劣化したものが多いですが、雰囲気はこれ以上ないぐらいたっぷりで、タイムスリップ気分を味わうにはうってつけです。

各誌いろいろな魅力があるのですが、まずはなんといってもレコード・コレクター的には外せない、『NME』からご紹介した

『Record Mirror』1967年2月11日号。

『Record Mirror』1967年7月8日号。

いと思います。1952年創刊、タブロイド紙から始まり現在もなお影響力を持つ英国老舗音楽誌、『New Musical Express』、略して『NME』。もちろんその誌面も素晴らしいんですが、やはり一番の魅力といえば、フリー・シングルと呼ばれるソノシートの存在でしょう。表面にペチッとソノシートが貼られてリリースされた号が存在するとあっては、レコード・コレクターたるもの素通りするワケにはいきません。中でも

『NME』1973年2月17日号付属のソノシートはAlice Cooper。元々スリーヴは付いていません。

『Record Mirror』1967年8月12日号。

『Record Mirror』1968年1月6日号。

個人的にオススメな逸品を挙げておきましょう。

■ The Rolling Stones - Exile On Main St.
（1972年4月29日号に付属）

　アルバムからのダイジェストに加え、ここだけに収録されたミックのブルース・ナンバーが魅力の逸品。近年はアルバムの英初版とニコイチにして販売されているケー

スもあるようですが、あくまで別の商品なのでご留意を。

■ Emerson, Lake & Palmer - Brain Salad Surgery（1973年11月3日号に付属）

　内容というよりも人気の理由はジャケット。LPと同じく、あのデザインとギミックを踏襲した、観音開きピクチャー・スリーヴが付属しています。

　次にご紹介するのは、『Record Mirror』。『NME』と共に英国の音楽シーンの先端を報じ続けた、1954年創刊の音楽カルチャー週刊誌です。『Record Mirror』の魅力は、なんといってもカラー表紙。思わず飾りたくなるような、秀逸な写真が冒頭を飾ります。これは百聞はなんとやらということで、まとめて写真をご覧ください。

　最後にご紹介するのは、1967年に米国にて創刊された最大手音楽カルチャー雑誌、『Rolling Stone』。ロックを志すもの

『Rolling Stone』1969年5月17日号。黎明期の表紙はこんな感じです。

であれば、誰もが表紙を飾ることを夢見た偉大なる音楽誌です。なお、創刊から70年代までは、他誌と同じように新聞紙スタイルでの発行となっていました。ちなみにですが、イギリスでは姉妹誌も出版されています。『Friends of Rolling Stone』、『Friends』、『Frendz』と名前を変えながら、アンダーグラウンド・マガジンとして暗躍していました。

こちらも写真を見ていただきますが、今度は表紙よりも広告を主体に見てみましょう。あの名作やこの名作が、あの手この手でプロモーションされています。これを当時の紙のあの質感、そしてあの匂い（これ大事）と一緒に味わえば、英語はちんぷんかんで記事を読めなくても、200% 楽しめることうけあいです。

『Rolling Stone』1969年12月13日号。やっぱり『Let It Bleed』の広告にグッときます！

『Rolling Stone』1969年5月31日号。かなり男前な Sly & The Family Stone。

『Rolling Stone』1969年5月31日号。Zapple の広告。

ヒットチャートもチェックしよう！

最後になりますが、やっぱり一番リアルタイム感が味わえるかもしれない、ヒットチャートをご覧いただきましょう。

とある作品が発売当時何位だったか、そういったピンポイントの情報はちょっとグ グれば分かっちゃいます。ただ、他のさまざまな作品と並ぶことによって、初めて分かることも多いものなんです。

チャートは各紙とも掲載していますが、ここでは『Record Mirror』を例にご覧いただきましょう。本国イギリスでのアルバム・チャート、シングル・チャートに始まり、5年前のチャートからアメリカのチャートまで、さまざまなチャートが掲載されています。

写真を掲載したのは1967年7月8日号になりますが、やはりというか、1位を飾るのは同年5月に発売された The Beatles『Sgt. Pepper's Lonely Hearts Club Band』。そして3位には同じく5月発売

本文で触れた『Record Mirror』1967年7月8日号のチャート。

だったジミヘンのデビュー作『Are You Experienced』と、ここまではまさにロックの歴史が並びます。ただ、もうちょっと全体を見てみると、2位はお馴染みのサントラ作『Sound of Music』だったり、やっぱりイギリスらしく、13位には The Dubliners がランクインしてたりします。

あんまりこういう全体の並びが紹介されることは少ないと思いますが、こうして俯瞰してみて初めて、当時の空気感が感じられると思います。つまりは、これで晴れてプチ・タイムスリップができちゃうワケですね。たまらん！

こちらは『Oz』1973年1/2月 第46号。ここでご紹介したものはあくまでオーバーグラウンド・サイド。やはり何事も表裏一体、その裏面となる『Oz』、『It（International Times）』、『Zigzag』などアンダーグラウンド・マガジンも多く出版されていました。パラっと見ただけでいろいろとキケンな香りがする、アンダーグラウンドな世界。そのサイケデリックな世界観は、一味も二味も違うものなのです。

27

目で聴く音楽 〜メモラビリア [The Beatles 編]

「メモラビリア（記念品。ポスター、グッズ、サイン他）」って、ここ日本では知名度・人気共にまだまだシブい状況です。

居住環境であったり、そもそもの市場規模の小ささであったりと、人気が伸び悩む理由はぼんやりと分かりますが、私がメインで取り扱うオールド・ロックなんかは、音楽だけでなくその歴史的背景や、アーティストの生きざまなんかも含みで楽しむ、そんな性格の強いジャンルだと思っています。

ちょっと前の話なんですが、かの Abbey Road Studio で当時実際に使用されていた、門外不出のスタジオ・モニター用のヘッドフォンで音楽を

Apple 謹製ポスト・カード。裏面には我らがジョージのサイン入り。

聴く機会がありました。これがハイファイの真逆を行くような、パッサパサな音が飛び出してきたんですが、私はバツーンと心射抜かれて固まっちゃっていました。なんというか、死にそうにもなっていないのに走馬灯を見たような感覚だったんです。

もちろん、これって音の良し悪しとはまた別軸の話ですが、私がそのヘッドフォン

のバックボーンを知っていたからこそ、あの時代とシンクロし、もっといえばあの「音楽史」の一部になれたような気がしたんです。そう、これも立派な音楽の楽しみ方だと思いませんか？

ということで、この項はアナタの音楽の楽しみ方にもう1つの選択肢を追加する、いわば「目で音楽を聴く」メモラビリアの

ススメ。こういうものを傍に音楽を聴くと、音楽をより良く聴くためのマインド・セットにピッタリですよーという話になります。ちょうど冒頭で Abbey Road の名前を挙げたので、The Beatles のメモラビリア縛りで、かつポスターやマガジン等のいわゆる紙モノは省き、より風変わりな逸品をズラズラとご紹介していきます。では、お楽しみください！

実用するのもオススメ！

■ The Cavern Club Bricks

The Beatles のファンにとってはいわずもがなの聖地、1957年開業の英リヴァプールはマシュー・ストリートにあるナイト・クラブ「The Cavern Club」。長い歴史の中でさまざまな変遷があったクラブになりますが、一度目の閉業を迎えたのが1973年のこと。次にその所有権を取得した、リヴァプールFCのサッカー選手、トミー・スミス氏は、1984年にクラブの再建を果たしています。

彼は可能な限り当時の姿を再現しようと試みましたが、その際に使用されたのが本品、オリジナルのレンガ（Brick）です。そして、その際に切り出されたレンガの一部は Royal Life 社によって開催された、チャリティー・オークションにて一般販売がされました。その時、世界に散り散りになったレンガ、その数5,000。

The Cavern Club Bricks。一面にはギャランティー・プレートが貼り付けられています。

決して少なくない数ということもあって、今現在でも中古市場に時折顔をのぞかせますので、粘り強く探せばいずれ入手するチャンスに恵まれることでしょう。

The Beatles をはじめとする数々のレジェンド・アーティストたちの汗と、あの時の熱狂を目一杯吸い込んだこのレンガ。ロック史における最重要建造物の一部を自宅のオーディオ部屋に飾り、オリジナル盤のレコードに針を落とせば、たちまち部屋いっぱいに満ちる特濃のリヴァプール・サウンド。いつもより数倍増しに聴こえても無理はナシ!?

ドイツ製プロモーション用コースター。両面共にファンならばグッとくるデザインが施されています。

■ HÖR ZU Promotional Coaster

『Sgt. Pepper's Lonely Hearts Club Band』のリリースに際して、ドイツで制作されたプロモーション用コースター。表面にはお馴染みのドラム、裏面にはドイツ盤をリリースしたレーベル、「HÖR ZU」のロゴがあしらわれています。

飾るのも悪くないですが、これは思い切って実用するのがオススメです。だって、何気なく置いてあるコースターが当時モノって、なかなかにシブくないですか？

ただ、紙製なので、そのまま使うのはち

ょっと厳しいです。もちろん貴重でそれなりの値段がしますし。アクリル製のコースターとかで挟んでから、お使いになってみてはいかがでしょうか？

■ Apple Films Canister

1967年制作の『Magical Mystery Tour』を皮切りにスタートさせた、Apple Corps の映像部門、「Apple Films」で実際に使用されたフィルム用キャニスター。キャニスターとはフィルムを納める金属製の缶のことを指しますが、要は本品に中身（＝フィルム）は入っていないということです。表面にはお馴染みの「Apple ロゴ」があしらわれた紙が貼り付けられており、実に威風堂々としたビートルズ・メモラビリアとしての装いを醸しています。

そして、その紙には「T.REX IN CONCERT」との記載があることからも、この缶にはリンゴ・スター、エルトン・ジョンが客演し、1972年5月に Abbey Road Studio で撮影された、T.REX史に燦然と輝く伝説的フィルム『Born to Boogie』のフィルムが納められていたのでしょう。また、紙の下部には住所に加えて「Directors：J.O.Lennon G.Harrison」とのクレジットがされていますが、この「ジョン・オノ・レノン」という珍しい表記にも心惹かれます。

ただの小汚い缶と言われちゃえばそれまでですが、眺めて楽しむも良し、レコード

フィルム用キャニスター。林檎マークが眩しい用
紙付き。

『Yellow Submarine』のセル画。この中では最上
段のジョンが一番高額です。

周りのグッズなんかを入れたりして実用しちゃうも良し。メモラビリアの可能性は無限大です。たぶん……。

■ Yellow Submarine Cel

　言わずとしれた、1968年7月公開のア

ニメ映画『Yellow Submarine』の制作に際して、実際に使用されセル画。通常ルートで市場に出回るような類のものではないため、すこぶる高いレアリティーを誇りますが、その絵面によって市場価格が大きく変動するのがミソです。

　もちろんコマの分だけ存在するこのセ

注意：この『Rubber Soul』のオーナー説、真偽のほどは全く不明ですので、半分シャレとしてお楽しみください。

ル画（他にも設定画なんかも存在します）、実に多くの種類が存在していますが、やはりシンボライズな「潜水艦」、そして The Beatles のメンバーが描かれたカットが人気を集めます。そして、その2つの合わせ技こそが、最も高値を呼ぶパターンの1つとなります。なお、掲載の画像のものは、市場価格順で並べています。なんとなく分かりますよね？

音楽をより良く聴くために

最後にオチ（？）としてご紹介するのは、イレギュラーが過ぎる究極の The Beatles メモラビリアです。

掲載の画像を見てお分かりいただけたでしょうか？　この一見なんてことのない『Rubber Soul』の英Mono、実はと

ついでにレアな逸品も掲載しておきます。Apple公式のクリップとボックスです。Hard to Find !!

んでもない方が元オーナーだったのです。裏ジャケとラベルに書き込まれた「N.R.DRAKE」の文字。これこそが英国が誇る夭折のシンガーソングライター、ニコラス・ロドニー・ドレイク、そう、ニック・ドレイクのサインです。

彼は（たぶん）ハイスクール時代にこの1枚に針を落として耳を育み、後の珠玉の音楽の数々が生まれていったと思うと……このアルバムがいつもと全く違うサウンドに聴こえるのもムリはありませんよね!?

実際これを聴いた私、イギリスの片田舎の人の家の中で、ただただぼーっと恍惚とした表情で立ち尽くしていました。「ホント貴重な体験でしたよ！」と言いたいところなんですが、このサインが本物じゃなかったらただの思い込みが過ぎるヤバい奴ですけど。まぁ、こういうのって、そういうもんですよ……あしからず。

音楽って、人間が聴くもの。たとえ数値や波形で音の良し悪しが保証されたとて、実際の聴こえ方はその時の自分の気分や状況に驚くほど影響を受けるものです。レコードでより良い音質を追求したりなんかして、サウンドだけにストイックに向き合うのももちろん最高なんですが、もっといろいろな観点から音楽を楽しむというのもオツなものではないでしょうか？

そして、そんなオツを欲するアナタには、音楽をより良く聴くためのマインド・セットの1つとして、きっとメモラビリアが役に立ってくれるはずです。ぜひお試しあれ！

ヤマハミュージックエンタテインメントホールディングスが運営するWebマガジン『mysound マガジン』に、かつて掲載されていた連載コラム「レコにまつわるエトセトラ」。2019年6月から2022年6月の間、ちょうど丸3年に渡って毎月連載していたものになりますが、本書はその中から記事を抜粋して加筆・修正し、書き下ろしも加えて書籍化したものになります。

　連載開始の2019年6月といえば、まだかろうじてプレ・コロナ。今思えば、その後のコロナ禍突入により、レコード業界もさまざまな影響を受けました。流通の不全により新譜のリリースが大幅に滞ったり、海外との往来が難しくなり買付にも出られなくなったり、送料は高騰し円安は進み仕入れが厳しくなったり……と、改めて書いているだけで気がめいる、そんな苦難が長く続いたものです。もちろん、それらは中古市場の相場感にも大きな影響を及ぼしましたが、一部ではコロナ以上に大きなインパクトを残したのが、今もなお遮断された某国の動向です。一般的には知られていませんが、コロナ禍以前の数年の間に、彼の国には世界中のトップ・レア盤が集められており、世界の廃盤市場の相場感を塗り替えてきたのです。今ではそれらのレコードへのアクセスは半ば閉ざされてしまっており、今後さらなる影響が予想されるでしょう。

　そして、2023年現在。そういった状況も徐々に解消へと向かっています。2022年10月には訪日観光客の規制が緩和され、日本のレコ屋にも海外から多くの人が訪れています。リモートワークはアナログなレコード業界にも浸透し、海外ディーラーとのリモート買付なるものが成立したりと、コロナ前ではとても考えられないことも起こっていますが、果たして今後のレコード業界のトレンドはどのようになっていくのでしょうか？

　よく語られるのが、コレクター（ないしディーラー）第1世代の勇退の影響です。ハッキリとした定義付のない言葉ではありますが、基本的には1960年代、もっと言えばThe Beatlesをリアルタイムで体験した第1世代のコレクターたちは、すでに高齢であるということ。過去にも世界的コレクターの逝去により、その遺産が廃盤市場の均衡を崩したこともありましたが、ジェ

ネレーション丸ごとの入れ替えは、予想だにしない変化が訪れる可能性を孕んでいるでしょう。

　また、時が進むにつれてどうしても避けられない問題が、経年劣化によるヴィンテージ・レコードの減少です。フィジカル・メディアの宿命ともいえるこの問題は、特にMINTと呼ばれるような保存状態の個体が減少を見せ、コンディション差による価格の乖離を広げていくこととなるのです。もちろん、すでに大きな価格差は生まれているワケですが、今後は現在とも全く異なるステージに突入することは間違いないでしょう。VGからEXまでは一段ずつ階段を踏み締めるような値動きですが、EX＋からその先は全くの別次元。そのプライスは指数関数的に上昇し、平均的な相場の数倍、十数倍へと急激なプライス・アップを遂げていくのです。特にThe Beatles のようなビッグ・アーティストに顕著なこの傾向は、オークションを中心に年々進行を見せており、今後よりその激化が予想されます。

　なお、そういったある種のマイナス・ファクターを背景にしない、レコードの研究が深まることによって生まれたトレンドもあります。マトリクス、マザー、スタンパー、カッティング・エンジニア、プレッシング・プラント……デッドワックスから読み取れる（時には暗号化された）情報は、まるで考古学のように学術的な研究が進められてきました。より良い音を求めて、根元となるオリジナル・マスターテープへと近づこうとするそれらの研究は、すでに一定の到達点に達したのかもしれません。しかし、今までもそうであったように、飽くなきコレクター諸氏はまた新しい蒐集ポイントを探求しているのです……。

　ということで、最後になりますが、そんなアナタに私から次なるトレンド予想をお伝えしておきましょう。「ポスト・マトリクス」たる次のトレンドは、ズバリ「盤の重量」です。たとえ同じ条件のプレスものでも、盤重量は千差万別。それがサウンドにどれほどの影響を与えるかどうかはさておき、これこそが次なる蒐集ポイントとなるでしょう。みんながデジタル計量器を片手に、レコ屋に通い詰める日も近いかも……なんてね！

山中 明（やまなか・あきら）

■ レコード・バイヤー／ライター／エセ漫画家

1979年生まれ。神奈川県出身。2003年より（株）ディスクユニオン所属。バイヤーとしてレコードを追い求める日々の傍ら、レコード文化の発展に寄与すべく各種媒体にてコラムや漫画を執筆中。著書にソ連音楽ディスクガイド『ソ連ファンク 共産グルーヴ・ディスクガイド』、編著に日本初のサイケデリック・ロック・ディスクガイド『PSYCHEDELIC MOODS‐Young Persons Guide To Psychedelic Music USA／CANADA Edition』などがある。

Twitter：https://twitter.com/@_Akira_Yamanaka
Instagram：https://www.instagram.com/akira_yamanaka_/
Facebook：https://www.facebook.com/akira.yamanaka.585

アナログレコードにまつわるエトセトラ

2023年4月25日　初版第1刷発行

著　者	山中　明
編集人	佐々木賢之
発行人	廣瀬和二
発行所	辰巳出版株式会社
	〒113-0033
	東京都文京区本郷1丁目33番13号 春日町ビル5F
	TEL：03-5931-5920（代表）
	FAX：03-6386-3087（販売部）
印刷・製本	中央精版印刷株式会社
デザイン	柿沼みさと
撮　影	若林隆英（カバー）
編集協力	大浦実千

本書の出版物及びインターネット上での無断転載、複写（コピー）は、著作権法上での例外を除き禁じられています。
落丁・乱丁の場合は、お取り替えいたします。小社販売部まで、ご連絡ください。

©AKIRA YAMANAKA 2023
©TATSUMI PUBLISHING CO.,LTD.2023

Printed in Japan
ISBN 978-4-7778-2972-9